心を強くすれば必ず野球がうまくなる！

野球あるある
メンタル練習法

監修◎高畑好秀

新版

勝負に勝つ「心」の正体って何だ…?

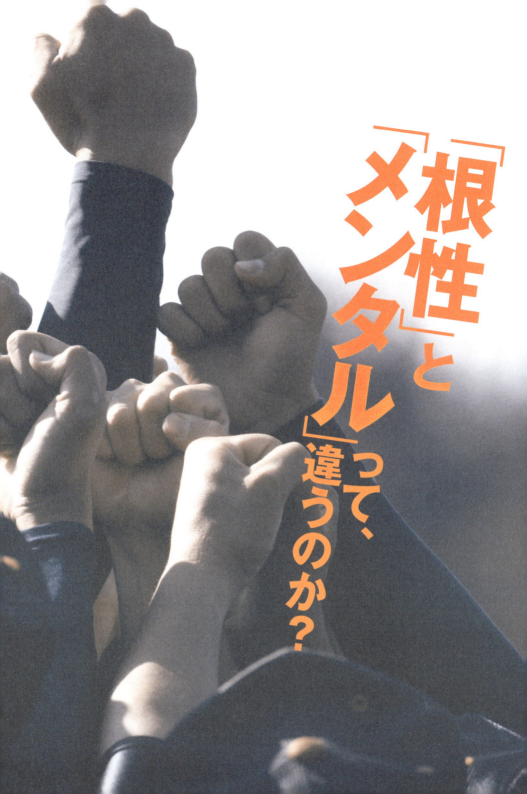

はじめに

野球が上手くなりたい。

今よりも、もっともっと上達したい。

そう願うのであれば、体力作り、技術的練習はもちろんですが、早い時期からメンタル・トレーニングに取り組むことも大切です。

近年では、体力や技術を高めるだけではスポーツの世界で成功できない…もう一つ、メンタルの強さも重要であることを多くの人が認識するようになりました。でも、私がメンタル・トレーニングの必要性を提言した20年近く前には、こう言われたものです。

「気持ちばっかり強くても、しょうがないだろう。体力、技術があってこそトップの野球選手になれる。メンタルなんてものは、その後だよ」

でも、そんなことはありません。

メンタルの強さは、試合の重要な局面にだけ求められるものではないのです。

日々の練習。この時から物事を前向きにとらえ、ポジティブなイメージを持ち、モチベーションを上げていってこそ、自分

のレベルを高められます。早い時期から正しい「心のクセ」をつけているか否かで選手の上達度も大きく変わるのです。

　この本を開いてくれた方の中には、学生、あるいは子供を持つ親御さんもいらっしゃるかと思います。その方たちには特に伝えておきたいことがあります。

　野球が上手くなりたいなら、野球を楽しんで下さい。また、単に勝敗にこだわるだけでなく野球というスポーツの楽しさをもっと教えてあげて下さい。そうすることで野球をもっともっと好きになったならば、あなたは…そして、あなたのお子さんは自然に前向きな姿勢で野球の練習に取り組むようになります。

　好きになる、そして夢中になって取り組む…これが最高のメンタリティです。

　でも時に人間は苦しみ迷うこともあります。そんな時に、どうすればよいのかを本書では解説していきます。まず「野球が好き」ありきです。その上で、苦しんだ時、迷った時に本書を参考にしてもらえれば、嬉しく思います。

CONTENTS
もくじ

野球あるあるメンタル練習法 新版

はじめに 004

第1章
スポーツメンタルの基本

心を鍛えれば、「試合に強い選手」になれる!! 014

第2章
野球あるあるメンタル練習法45

- あるある01 連打を浴びると、投げ急いでしまう。 028
- あるある02 いつも起き上がりにリズムに乗れない。 030

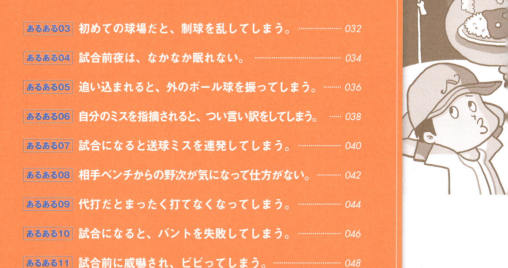

あるある03	初めての球場だと、制球を乱してしまう。	032
あるある04	試合前夜は、なかなか眠れない。	034
あるある05	追い込まれると、外のボール球を振ってしまう。	036
あるある06	自分のミスを指摘されると、つい言い訳をしてしまう。	038
あるある07	試合になると送球ミスを連発してしまう。	040
あるある08	相手ベンチからの野次が気になって仕方がない。	042
あるある09	代打だとまったく打てなくなってしまう。	044
あるある10	試合になると、バントを失敗してしまう。	046
あるある11	試合前に威嚇され、ビビってしまう。	048
あるある12	打った後、一瞬止まって打球を見てしまう。	050
あるある13	無理な場面でも、つい腕をグルグルと…。	052
あるある14	えぐられた後、恐怖心で踏み込めなくなる。	054
あるある15	練習後も、ミスしたことが頭から離れない。	056
あるある16	監督の顔ばかり気にしてしまう。	058
あるある17	合宿、遠征試合…食欲をなくしてしまう。	060
あるある18	チャンスの場面ではまったく打てない。	062
あるある19	「犠牲フライでOK！」という場面で、力んで凡打してしまう。	064

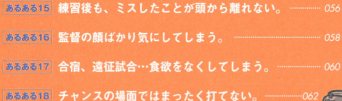

CONTENTS

あるある20	追い込まれると、ネガティブになる。	066
あるある21	盗塁のスタートが上手く切れない。	068
あるある22	ケガした箇所を完治後も気にしてしまう。	070
あるある23	他人のバットを使った方がよく打てる。	072
あるある24	バントの構えをされると、ストライクが入らない。	074
あるある25	野手がエラーをすると、イライラしてしまう。	076
あるある26	良いイメージを持とうとすればするほどネガティブになる。	078
あるある27	試合前、何度もトイレに行きたくなる。	080
あるある28	アドバイスがバラバラ…誰の話を聞けばよいのか。	082
あるある29	バントを処理…二塁、三塁へ投げられない。	084
あるある30	フライを捕る時、ボールが揺れて見える。	086
あるある31	ピンチになるとボークを犯してしまう。	088
あるある32	よくサインを見逃してしまう。	090
あるある33	浅めのフライを飛び込んで捕る勇気が出ない。	092
あるある34	試合中に天候が変わると調子を崩す。	094
あるある35	スランプに陥り、練習量を増やすも逆に深みにはまってしまう。	096
あるある36	点差が大きく開くとバッティングが雑になる。	098

あるある37	「左打ち」なのだか本当は、右の方が打てる気がする。 …… 100
あるある38	1打席目で打てないと4打席打てなくなる。 …… 102
あるある39	配球が、ワンパターンになってしまう。 …… 104
あるある40	練習時間が近づくと、お腹が痛くなる。 …… 106
あるある41	試合前、チーム全体が硬い雰囲気になる。 …… 108
あるある42	チーム内に競争意識が芽生えない。 …… 110
あるある43	練習中にケガをすることが多い。 …… 112
あるある44	「ライバルに勝つ」ことばかり考えてしまう。 …… 114
あるある45	試合になるとグラウンドを広く感じてしまう。 …… 116

第3章
視覚イメージを使った集中力&イメージトレーニング

トレーニング効果を高めるのに欠かせない
「集中力」と「イメージ力」を養う …… 120

①集中力を妨げる原因を知る→克服する乱数表テスト&トレーニング …… 122

②「一点集中」と「分散集中」を同時に高める周縁視力トレーニング …… 124

CONTENTS

③正確な動作を求めての深視力イメージトレーニング……126

④【投手編】「残像イメージ」と「身体の動き」をシンクロさせて
理想のボールを投げ込む!……128

  その1／ストレート・空振り……130

  その2／ストレート・見逃し……131

  その3／スライダー……132

  その4／カーブ……133

  その5／フォーク……134

  その6／シュート……135

⑤【打者編】良かった時の「残像イメージ」を
深く焼きつけることでしっかりとボールを打つ!……136

  その1／ストレート……138

  その2／カーブ……139

  その3／スライダー……140

  その4／シュート……141

  その5／フォーク・ヒット……142

  その6／フォーク・見送り……143

第4章
心のスイッチを入れる ルーティン実践法

- 試合で実力を発揮するために!「ルーティン」を身につけておこう …… 146
- ルーティン①試合前日＆当日のシミュレーション
  - 「試合前夜」……………………………… 148
  - 「試合当日」「試合会場に着いたら…」…… 149
  - 「試合が始まる…」………………………… 150
  - 「試合が終わった後は…」………………… 152
  - 〈自律神経トレーニング〉………………… 153
- ルーティン②自分に合ったやり方を見つけよう …… 154

- 監修者紹介 …………………………………………… 158

メンタルの基本

野球が上手くなるために真に必要なこととは？
心を強くすることは後天的に可能なのか？
メンタル・トレーニングとは何か？
「集中力」と「イメージ力」は、いかにして育む？
そのすべてに答えます――。

野球 あるあるメンタル練習法

第1章 スポーツメンタルの基本

心を鍛えれば、「試

| 1 スポーツメンタルの基本 | 2 野球あるあるメンタル練習法45 | 3 集中力＆イメージトレーニング | 4 ルーティン実践法 |

合に強い選手」になれる!!

「タイプだから仕方がない」
「クセは直せない」のか？

　野球を観ていると、こんなシーンによく出会います。
　〈フリーバッティングでは快音を響かせている選手が、試合になると、まったく打てなくなってしまう〉
　〈最初の打席にヒットが出ると、その試合で5打数4安打、4打数3安打と固め打ちをする選手。でも逆に最初の打席でヒットが打てないと、その試合はノーヒットに終わってしまう〉
　〈六回まで好投していたピッチャーが、連打を浴びた途端に投げ急ぎ、リズムを崩してメッタ打ちを喰らってしまう〉
　〈それまで守備の上手さには定評のあった内野手が、ある時から一塁へまともなボールが投げられなくなってしまう〉
　そんなことが…「あるある！」と思われた読者の方は多いことでしょう。そう、よくある事例です。
　最初の打席にヒットが打てないと、その試合でノーヒットに終わってしまうことが多いA選手は言いました。

野球 あるあるメンタル練習法

「自分でも、理由はよく解りません。気持ち的に乗れないんですよね。僕は、そういうタイプなのかも知れません」

また、連打を浴びた途端に投げ急いでしまうB投手は、こんな風に話します。

「いつも、ついイライラしてしまって、リズムを崩してしまいます。でも自分では何故、そうなるのか解らないんですよ。落ちつこう落ちつこう…と思うと余計にイライラします。クセなんですかねぇ。何とかしたいんですけど」

さて、A選手は「タイプだから仕方がない」、B選手は「このクセは直せない」とあきらめるべきものなのでしょうか？

そんなはずはありません。

試合になると打てない、最初の打席に凡打するとノーヒットに終わる、投げ急いでしまう、イップスに陥るなど、これらの

現象にはすべて原因があるのです。まず、その原因を探り、突きとめなければいけないでしょう。そしてその原因を自覚し、改善に向けてのトレーニングを積むのです。その対処法が正しければ、A選手、B選手の悩みは解消されます。

スランプから抜け出すためには…。

　調子を崩してスランプに陥ってしまう選手は多くいます。そんな時、彼らの多くは、次のように考えてしまいます。

　「練習が足らないから打てないんだ。もっと練習しよう。明日から練習量を2倍に増やそう」
　でも、それではスランプから

脱することはできません。

何故ならば、野球の技術は自分に合った正しい練習を積み重ねることによってのみ、向上させることが可能だからです。「正しい練習」とは理にかなっていて、その上で「これをやれば自分は上手くなる」と確信を持って行なえるトレーニングのことです。

にもかかわらず、身体のバランスを崩した状態で、やみくもにバットを振って、いくら練習をしても、それは上達にはつながりません。それどころか、さらに調子を崩し、スランプの深みにはまっていってしまいます。

ここで必要なのは、焦って身体を動かすのではなく、まず心を整理することです。

自分が何故、スランプに陥っているのかを冷静に考え、原因を探っていきましょう。大抵の場合、それはちょっとしたことなのです。

溜まっていた疲労によってヒジの位置がわずかに下がっていたり、踏み出す足の位置が遠くなっていたり…。ならば、そこだけを修正すれば、元のスタイルに戻せます。それをバランスを崩した状態のまま動き続けることで他の部分の動きまで狂わせてスランプの深みにはまっていくのです。これは「正しい練習」ではありません。スランプに陥っても焦らずに、冷静に原因を分析するタフなメンタリティは、一流選手に欠かせない条件だといえるでしょう。

いくら体力的、技術的に優れていても、それだけでは勝てないことがスポーツの世界ではよくあります。いくら優れた能力を持った選手でも、試合でその能力を発揮できなければ負けてしまいます。肉体的能力だけでは十分ではありません。もう一つ、常に平常心でいられる「メンタルの強さ」が必要なのです。

メンタルは根性論とは異なる

「メンタルって何ですか？ つまりは気合いでしょう。練習で苦しんで、厳しい練習に耐えれば、自然に気持ちは強くなるん

ですよ。メンタルにトレーニングなんて必要ないでしょう」

 最近ではかなり減りましたが、以前はこんな乱暴なことを言う指導者が多くいました。

 確かに経験は人を育てます。でも、メンタルは根性論とは異なります。その証拠に、いくら厳しい練習に耐えても、いざ試合になると本来の力を発揮できなくなってしまう選手が多くいます。

 では、メンタルとは何なのでしょうか？

 一つ例を挙げてみます。

 今、あなたが立っている位置の1メートル先にラインが引かれているとします。

「ここまで跳んでみて下さい」

 そう言われれば、1メートル程度の距離なら、ほとんどの人が簡単に跳び越えることができるでしょう。

 しかし、これが…高層ビルの屋上だったらどうでしょうか？

 隣のビルの屋上は同じ高さにあり、そこまでの幅は先ほどと同じ1メートルです。普段なら難なく跳べる距離ですが、はるか下にある地面を認知した途端に、あなたの足はすくむはずです。「も

野球 あるあるメンタル練習法

しも、跳び損ねて落ちたら…」そう考えると、恐くて跳べなくなります。

つまりは、これがメンタルなのです。

野球の場合、普段の練習では上手にプレーすることができる。でも、いざ試合になると「ミスをしたらどうしよう」「チームに迷惑をかけられない」…そ

んな気持ちが生じて緊張し、身体を硬くしてしまうのです。すると普段通りのプレーができなくなってしまいます。

いくら激しい練習をしたからといって試合での緊張感が消えるものではありません。もちろん「これだけ練習したんだから…」という自信も芽生えているでしょうが、それでも試合の終

盤に勝負を分ける大事な場面で打席に立てば、やはり緊張するはずです。

人間の身体の動きは、心の状態によって大きく左右されるのです。

何故、集中できないのか…その原因を探る

この後、第2章「野球あるあるメンタル練習法45」の本編に入りますが、その前に「集中力」と「イメージ力」について少し

触れておきましょう。

最初に「集中力」です。

強固なメンタリティを育む上で「集中力」が欠かせぬことは言うまでもありませんが、私はよく選手から、こんな相談を持ちかけられます。

「バッターボックスで集中しようと思うのですが、なかなか上手くいかないことがあります。どうにも気が散ってしまうんです。そんな時は、どうすればよいのでしょうか？」

この問題を解決するために大切なのは、まず、何故、集中できないのか…その原因を探ることです。

原因は、さまざまでしょう。たとえば…
〈期待されるあまりに「打てなかったら、どうしよう…」との不安感から緊張状態にある〉
〈野次が気になって仕方がない〉
〈野球以外に悩みがあって、ついそのことを考えてしまう〉
等々です。

もちろん原因が複数の場合もありますが、1つであれ複数であれ、それが解れば、対処法はいくつもあります。

集中力は「内的集中」と「外的集中」に分けられます。内的集中は、心の内側である「内界」に向けられる集中力。対して外的集中は、目を通した「外界」に向けられる集中力です。自分の中に、もう一つの世界をつくることで心を乱す外部からの余計な情報（たとえば野次など）を遮断するのが内的集中、打者ならボールをしっかり見る、投手ならキャッチャーミットをしっかり見据えるのが外的集中と言えば、解りやすいでしょうか。

また、外的集中は「一点集中」と「分散集中」に分けられますが、集中できない原因が、どこにあるのが解れば、その部分の集中力を養っていけばよい訳です。

「集中しよう、集中しよう」

そう頭の中で言葉を唱えれば、集中力が増すというものではありません。集中力を身につけるには、集中できない原因を自覚した上で、それに合わせたメンタルトレーニングが必要なのです。

 ## イメージ力が、力の差を逆転する

　次に、「イメージ力」についてです。
　アクションを起こす前に、いかにポジティブなイメージを頭の中に描くことができるか？
　これも重要なポイントです。
　ネガティブなイメージを持ってしまうと、人間は不安になります。すると、
「プレッシャーからの緊張」
「守りの意識から生まれるマイナス思考」
「単一的な思考からくる集中力の低下」
「マイナス思考の反動ともいえる強気の姿勢、過剰な責任感」

野球 あるあるメンタル練習法

が生じ、これらが自分の目的達成を阻む最大のブレーキになってしまいます。さらに、このネガティブなイメージがチーム全体に蔓延すると、勝てるはずの試合をあっさりと落としてしまうことにもなりかねません。

たとえば高校野球で強豪校が、実力差のある学校と対戦したとします。

選手個々の運動能力、野球の技術力は強豪校が上回っている訳ですから有利であることは間違いありません。

でも、強豪校の選手の間に、こんなネガティブな気持ちが芽生えたとします。

「勝って当たり前。でも、エースの調子がちょっとよくない。もしも、ここで負けたら…そんなことになったら、どうしよう」

「疲れが溜まってきて調子に乗れない。この試合は勝って当然だけど、勝負は何が起こるか解らないからなぁ…もしかすると…」

「絶対に勝つ、負けるはずがない、負ける訳にはいかない、でも、もし…負けたら…」

逆に対戦相手は、こんな風に考えたとしましょう。

「ここまで勝ち上がったから俺たちも強くなったもんだ。もしかすると今日も勝てるかも」

「どうせ俺たちが勝つなんて誰も思っていない。だったら思いっ切りプレーするだけだ。やるだけやるぞ！」

「今年は調子いいよなぁ。もし今日、勝てたりしたら、俺たちは学校のヒーローになれるよ」

ネガティブなイメージに包まれると、緊張感が生じ、身体の動きが硬くなり、本来の力を十分に発揮できなくなります。対してポジティブなイメージが持てると、心が落ちつき普段通り、いや普段以上に動きがよくなり、期待以上の力を発揮します。

すると、予想外の結果が生じることがあるのです。大切なのは、持っている力を、どれだけ出せるのか。力の差があったとしても、ある程度の差であれば、それは、いとも簡単に逆転できてしまいます。

人間は考え、そして想像力を持って生きています。一度生じた悪いイメージを意識しないようにしようとすればするほど、それは頭の中に強く焼きつけられ、妄想を抱いてしまいます。そうしないためには、ポジティブなイメージを抱く力を常日頃からつけておくことが求められるでしょう。

目の前の現実を正しく受け止めた上で、冷静になり、その上で物事をポジティブに考えていくクセを身につけて下さい。「イメージ力」については「集中力」と合わせて、第3章の「集中力＆イメージトレーニング」で実践的なトレーニング方法を紹介しています。心の力みをなくすことが、身体の動きを、より自然な状態に近づけてくれるのです。

自分が持っている力をフルに発揮するために、そして自己実現のためには、フィジカルトレーニング同様にメンタルトレーニングが欠かせないものであることを、さらに深く知って頂きたいと思います。

野球 あるあるメンタル練習法

第2章

野球あるあ
メンタル練

る習法45

試合になると、どうしても緊張してしまい
本来の実力を発揮できない。
どうすれば、本番に強くなれるのか？
メンタルが弱いと感じている
すべての野球選手の悩みに具体的に答えます——。

野球あるあるメンタル練習法

野球メンタルあるある 01
連打を浴びると、投げ急いでしまう。

　いつもはゆったりとしたリズムで投球している。フォアボールを出しても、ヒットを打たれても落ち着きを失うことはない。
　ところが…。
　ヒットを連続して浴びた途端に冷静さを失ってしまう。1本打たれただけなら大丈夫なのに、2本、3本と続けて浴びると急に表情が険しくなり、同時に投球間隔が短かくなってしまう。すると、投球リズムも単調になり、さらに打ち込まれ、試合をぶち壊すことに…。

こんな場合の解決方法は？

メンタル解決法

ポイントチェック 打者に対し、投げる前に腕をゆっくり3回、まわす

　たとえば、カップラーメンを食べる時は、熱湯を注いで3分間待ちます。この時、すごくお腹が空いていれば、3分間をとても長く感じますし、そうでなければ、3分間はアッという間でしょう。時間の長さは、置かれている状況によって感じ方が異なります。

　さて、この場合、ピッチャー自身は、マウンド上で投げ急いでいるとは感じていません。いつも通りのリズムで投げているつもりでいます。でも実際は、連打を浴びたことで冷静さを失い、投球間隔が短くなり、リズムを崩してしまっているのです。

　そんな状況に陥るのを防ぐために、自分のリズムを確認できるルーティン（一定の動作や約束ごと）をあらかじめ作っておきましょう。1つ例を挙げれば、「腕を3回、まわしてから投げる」。

　これだけで、自分のリズムが保てます。またあらかじめキャッチャーに、そのことを伝えておくとよいでしょう。冷静さを失い、マウンド上で、腕を回す動作を忘れてしまった時には、キャッチャーがタイムをかけて注意してくれます。

メンタルなるほどストーリー

斎藤佑樹のハンカチに隠された秘密…。

　北海道日本ハムファイターズの斎藤佑樹投手は、高校（早稲田実業）時代、甲子園で活躍し、「ハンカチ王子」と呼ばれていました。斎藤投手が試合中にマウンド上で、丁寧に畳まれた青いハンカチで額の汗を拭く姿を憶えている方も多いでしょう。

　ハンカチで額の汗を拭く…一見、何気ない行為ですが、この動作には隠された意味がありました。彼は、額に汗をかいたので単に、それを拭いていたのではありません。また、自らのイメージアップを狙っての演出だったわけでもありません。ハンカチをポケットから取り出して額に当てるという動作を用いて、自分のピッチングのリズムを崩さないようにしていたのです。

　しっかりと間を取って心を落ち着かせ、平常心を保ちプレーを続ける斎藤投手が、投げ急ぐことはありませんでした。

野球 あるあるメンタル練習法

野球メンタルあるある 02
いつも起ち上がりに リズムに乗れない。

　球速、制球ともに優れていて完投能力もありチームメイトからの信頼も厚い。先発すれば毎回、キッチリとゲームをつくる。
　しかし、このエースには1つの欠点がある。
　それは、「起ち上がり」が悪いこと。
　スタミナは十分なので球数を重ねていくうちに調子を上げていくのだが、毎試合のように初回に連打を浴び得点を許してしまう。トータルの防御率は2点台。でも、初回に限っては実に9点台…。
　起ち上がりさえよければ、最高のエースなんだけど…。

こんな場合の解決方法は？

メンタル解決法

ポイントチェック ピッチング練習で、仮想バッターと勝負！

初回に限らず、イニングの先頭打者に対して思うような投球ができないピッチャーもいます。それは試合に入っていくための「気持ちの準備」が十分にできていないからです。

イニングが始まる前にピッチャーは投球練習をします。この時、漫然と投げている選手が少なくありません。「球が走っているかどうか？」「変化球の曲がり具合はどうか？」などをチェックするという選手もいますが、それでも不十分でしょう。

この4、5球のピッチング練習の間に1人のバッターを想定して勝負することが大切です。
「1球目、アウトコースのストレート」
「2球目、インコースへシュート」
「3球目、アウトコースへスライダー」…。

バッターがいると想定して、ピッチング練習の段階から勝負を始めるのです。すでに1アウトを取った状況で先頭打者を迎え、1イニングに4アウトを取る意識で投げれば、常に「気持ちの準備」ができた状態で試合に入れます。

カウント2-3
アウトコースへスライダー

解決法プラスアルファ

「4アウトを取るぞ！」と捕手にも伝えよう。

MLBテキサス・レンジャーズで活躍しているダルビッシュ有投手は、起ち上がりから気持ちのこもったボールを投げます。それは彼が常に試合を想定して練習しているからです。

多くの人は、練習と試合を切り離して考えがちです。ピッチング練習を終えて、さぁ試合…という感じで投げていますが、それでは練習と試合の間に狭間ができてしまいます。

この狭間が「起ち上がり」を悪くするのですから、それをなくすために常日頃から試合を想定して練習することが大切でしょう。

また、イニング前の投球練習の際に、「4アウトを取るつもりでマウンドに上がる…」との意図をキャッチャーに伝えておくと、さらに効果的。バッテリーの心のウォーミングアップも完了させることができます。

あるあるメンタル練習法

野球メンタルあるある 03
初めての球場だと、制球を乱してしまう。

　なれ親しんだグラウンド、あるいは何度かマウンドに立ったことのある球場でなら落ち着いて投球することができる。
　でも、初めての球場だと何故かソワソワしてしまう。投げる際にもキャッチャーの構えるミットに意識を集中させることができず、浮き足だってしまうのだ。

　心が落ち着かず、いつも通りのピッチングができず、結果、打ち込まれて負けてしまう。

こんな場合の解決方法は？

メンタル解決法

ポイントチェック 試合が始まる前に必ずマウンドを確認

制球を乱す理由は、マウンドの違いによるところが大きいでしょう。当然のことですが球場によってマウンドは異なります。高さ、傾斜、土の硬さなど。この辺りを試合が始まる前にマウンドへ行って、しっかりとチェックしておく必要があります。これはメンタルの問題ではありませんが、チェックした上で、自分の動きをそのマウンドに合わせることもピッチャーとして最低限やるべき準備の一つだと思います。

ポイントチェック 余計な情報を排除し捕手のミットに集中

また、マウンドから見える景色が変わることによって、感覚にズレが生じ制球を乱す場合もあります。たとえば、キャッチャーからバックネットまでの距離は球場によって広かったり狭かったりさまざま。ネットの色もネットの向こう側に見える景色も違います。

ピッチャー本人は気にしていないつもりでも、脳がそれを情報として収集しているために感覚を狂わされてしまっているのです。必要なのは余計な情報をできる限り排除して、意識をキャッチャーのミットに集中させること。求められるのは集中力です。

野球 あるあるメンタル練習法

野球メンタルあるある 04
試合前夜は、なかなか眠れない。

「ひつじが1匹、ひつじが2匹、ひつじが3匹…」
600匹まで数えても眠ることができない。
そのうちにカチッ、カチッ、カチッという時計の針の音が気になって仕方がなくなる。
「早く眠らなくてはいけない」
そう思えば思うほど目がさえてしまうのだ。

明日は大切な試合。何も考えないようにしようと思っても、どうしても試合のことを考えてしまう。
気がつくと、もう午前3時過ぎ。結局、眠りにつけるのは朝方で、睡眠不足のまま試合に挑むことに。

こんな場合の解決方法は？

メンタル解決法

ポイントチェック 一定の単調リズムを活用して自然に眠ろう

　眠りにつこうとしている子供の足の裏を触ると温かくなっています。これは身体の交感神経よりも副交感神経が優位になって、十分にリラックスできた状態であるためです。逆に緊張状態にあると手足の先が冷たくなります。眠れない人は、手足の先が冷たくなっていることも多いので、マッサージをして温めてみて下さい。身体全体が少しずつリラックスしていくことが感じられます。

　また眠りを誘うために「音」を用いるのも有効でしょう。一定のリズムで単調な刺激を脳に与えると自然に眠くなるものです。

　時計のカチッ、カチッ、カチッという音では、速過ぎてリラックスに結びつきません。もう少しゆっくりとした一定のリズム音を小音量で流しておきます。たとえばメトロノームを音間の長いゆったりとしたリズムに設定して、布団の中で目を閉じればよいでしょう。何かを考えるのではなく、導かれるままに、その音に耳を傾ければ自然に眠りに入っていけます。

解決法プラスアルファ

一晩くらい眠れなくてもプレーに影響はない！

「明日は大事な試合なのに眠れなかったら、力が出し切れないんじゃないか。

　プロのレベルになると、そんな風に考える選手はほとんどいませんが、学生レベルでは眠れないことで不安を募らせる選手もいるようです。

　でも、実際のところ、そんな心配は無用です。

　一晩眠れなかったからといって、力を出せなくなるようなことはありません。まる３、４日眠れていないのなら話は違ってきますが、その前夜にしっかり眠っていたなら、何の問題もないでしょう。十分に体力は持ちます。

　どうしても心配なら事前に、試しておくことをオススメします。

　練習試合の前日に、眠らずに徹夜をしてみます。その状態で試合に出場し、しっかりとプレーできることを知れば、眠れなかった時の不安は解消するでしょう。

野球 あるあるメンタル練習法

野球メンタルあるある 05

追い込まれると、外のボール球を振ってしまう。

　初球、アウトコースのストレートを見逃してストライク。
　2球目、インコース寄りの高めのカーブを見逃してボール。
　3球目、インコースのストレートを強振するも、三塁側へ大きく切れるファウル。
　カウント1ボール2ストライク…あっさりと追い込まれてしまった。

　そして4球目、投じられたのはアウトコースに外れていくスライダー。見逃せば「ボール」だけれど、ボールを追いかけるようにしてバランスを崩してバットを振ってしまう。空振り三振。
　「また、やってしまった！」

こんな場合の解決方法は？

メンタル解決法

ポイントチェック アウトコースに「目つけ」カウントは気にしない

普段なら見逃せるはずのアウトコースに逃げていくボール球を振ってしまうのは、そのボールがしっかりと見えていないからです。

カウントで追い込まれた時、あなたは、どのコースに「目つけ」をしますか？ つまり、どのコースに意識を置いてボールを待つかということです。

それは真ん中でも、インコースでもありません。アウトコース…外側に「目つけ」をするべきなのです。

遠くに目つけをし、視野を広く持っておけば、近くに来たボールには反応できます。しかし、近くに目つけをすると、遠く（アウトコース）のボールは見えなくなってしまいます。そのために、外へ外へと逃げていくボール球を見極めることができず、空振りしてしまうのです。

これはビジネスにおいても同じで長期的なビジョンを立てていれば、いま目の前で起こった問題も対処できます。でも、逆に目の前で起こることばかりを見ていると、先々の流れが読めずに失敗をしてしまいます。

目つけは外に！　視野は広く！
まず、この点が大切です。

もう一つ、意識の問題もあります。

2ストライクを取られ、追い込まれると、多くのバッターにどんなボールにも「対応しなければならない」という意識が芽生えます。実は、これはあまり良いことではありません。

対応しなければ…と思うと、ついボール球にも対応してしまうのです。カウントで追い込まれても、自分の気持ちまで追い込まれてはいけません。カウントは、1球1球の勝負の積み重ねによって生じた結果に過ぎないのです。0-2であっても、1-1であっても、2-0であっても同じように、来る球に素直に反応することが必要でしょう。

「ラスト1球で勝負しなければ」…そんな執着心は捨て、カウントを気にせず打席に立って下さい。

あるあるメンタル練習法

野球メンタルあるある 06
自分のミスを指摘されるとつい言い訳をしてしまう。

よく監督に怒鳴られる。
「お前は気合いが足りないんだ。もっと気持ちを入れてやれ！」
「何回言ったらわかるんじゃ、今のはファースト（に投げるん）だろ。間に合わんとこに放るな」
「打とうという気持ちで行けよ！やる気がないんだったら、もうやめちまえ！」

神妙な表情で聞き、「分かりました」「すみません」と言えればいいのだけれど、性格的になかなかそうできない。とくに「それは違うだろう」と思うことがあると、つい言い訳をして、それで余計に怒られてしまう。

➡ こんな場合の解決方法は？

メンタル解決法

ポイントチェック 監督に怒られたら、メモ帳を取り出そう！

　指導者と選手の関係は、時に「微妙」な場合があります。
「どうしても、この人の言うことは素直に聞けない」
　選手が指導者に対して、そう思うこともあるでしょうし、逆に、
「このタイプの選手は、正直、指導しづらい」と指導者側が感じることもあるでしょう。どちらが良い悪いではなく、人間同士の触れ合いですから、「相性」はあります。
　たとえば、高校の野球部の選手が監督に呼びつけられて怒鳴られたとします。
「何だ、今のボサーッとした態度は！　ボールに集中しろ。ボサーッと立っていたんじゃ捕れないだろ！」
　でも、選手にはボサーッとしていたつもりはありません。むしろ必死にボールを追っていたとの思いがあったとします。
　そこで選手が反論したら、どうなるでしょう。
「僕はボサーッとなんてしていませんでした。ボールに集中して一生懸命やっていました」
　そう言ったところで互いの感情がもつれてしまうだけではないでしょうか。抽象的な水かけ論的な言葉のやり取りは、単に感情のぶつかり合いにしかならないのです。
　そんな状況を引き起こさないために、小さなメモ帳とペンを常に携帯しておくようにしてみましょう。監督に呼ばれて注意を受けた時、周囲からは見えないように、そっとポケットからメモ帳を取り出し、そこに言われたことを書くのです。機械的でも構わないので、そうしてみて下さい。
　「書く」という行為は、感情を落ち着かせてくれます。書きながら考えると「監督の言うことも、もっともだ。気をつけよう」と思うこともあるでしょう。また、そう思えなくても、文字に起こしていくことで不思議と感情は収まり、言い訳をしなくなります。

野球 あるあるメンタル練習法

野球メンタルあるある 07
試合になると送球ミスを連発してしまう。

　正面に来たゴロを捕って小刻みなステップを踏みながら、一塁へ送球する。
　特別に難しいプレーではない。
　これまでに何百回、いや何千回と練習を積んできた基本プレーだ。
　ところが、ある時から一塁へ正確な送球ができなくなってしまった。いつもと同じように投げているはずなのに暴投を繰り返してしまう。

こんな場合の解決方法は？

メンタル解決法

外野へ行って大きな動きでバックホーム！

　イップスの動作的原因は、極度に緊張し萎縮してしまい、動きが小さくなっていることにあります。そして、このイップスにかかるのは内野手がほとんど…つまり、比較的近い位置にボールを正確に投げられなくなってしまうのです。

　この状態に陥ってしまった時は、練習の時にセカンド、ショートなどの定位置を離れて外野へ行ってみましょう。そこでノックを受けて、思いっ切りホームへ返球してみます。セカンドやショートから一塁へ投げる時とは違って、身体を大きく動かさないとホームへは返球できません。自然に身体を大きく動かす感覚を取り戻すことができます。

「緊張しないように…」
「今度こそは正確に投げなければ…」

　そんな風に考えていても解決しないどころか、余計に深みにはまってしまいますが、身体を大きく動かせるようにすれば、大抵の場合、イップスから抜け出せます。

メンタルなるほどストーリー

よく考えて野球をしている選手がイップスにかかる

　イップスにかかる選手には1つの共通点があります。それは、〈よく考えて野球をしている〉〈相手のことを気にかけてプレーする〉〈責任感の強い〉特徴を持っていることです。

　セカンドからホームへ好返球。キャッチャーがタッチするも間一髪セーフに…。

　この時に、「もう少し低いボールを三塁寄りに投げられればアウトになったかもしれない」と悩むタイプの選手がイップスに陥りやすいのです。「仕方ないや！」としか思わない、開き直りのできるタイプの選手はイップスにはなりません。

　つまり、イップスにかかる選手は敏感で考えながら野球をしています。ただ、この敏感さが悪い方向に出ているだけなのです。逆に、良い方向に出たときは力を伸ばすことができるのですから、イップスにかかる選手は今後の「伸びしろ」が広くあるともいえるでしょう。

野球あるあるメンタル練習法

野球メンタルあるある 08
相手ベンチからの野次が気になって仕方がない。

　フリーバッティングでは快音を響かせることができる。
　でも、いざ試合になると凡打の山を築いてしまう。
　その理由は、相手のベンチからの野次にあった。
「大したことねぇぞ、このバッター。インコースで仰け反らせてやれ！」
「バットを握る手が震えてるぞ！」
「オラオラ！　スパイクの紐がほどけてるよ」
　野次が気になって仕方がない。
　バッターボックスで平常心でいられなくなってしまう。

こんな場合の解決方法は？

メンタル解決法

ポイントチェック 意識を内側に受ければ野次は聞こえなくなる

あなたにもおそらく、こんな経験があるでしょう。

電車に乗り、座って小説を読んでいる時、車内放送の内容がまったく頭に入ってこない。

あるいは、携帯ゲームに集中している時に、周囲にいる友達がしゃべっていても、その内容はまったく認知していない。

これは、意識が内側に向いているからです。

野次が気になって仕方がないというのは、これとは逆の状態で、意識が外側に向いています。そのために雑音をすべて拾い、心を乱されている訳です。

ならば、意識を内側に向けてみましょう。

バッターボックスの中で自己対話をします。

「このピッチャーの持ち球は、ストレート、カーブ、あともう1つは？」

「スライダー」

「初球に多いのは？」

「圧倒的にストレート。カーブはまずない」

「ならばストレート狙い」

人間は同時に2つの意識は持てませんから、こんな感じで、意識を内側に向けて自己対話をしていれば、野次が気になることはありません。

メンタルなるほどストーリー

相手選手から集中力を奪い取る「珠玉の野次」とは？

野次を飛ばすのは決して品の良い行為ではなく、誉められたものではありませんが、野球にはつきものです。

野次る側は、相手選手の集中力を削ごうとする訳ですが、何でもかんでも叫べばよいというものではありません。

「下手くそ」「ビビってるぞ」「やっちまえ！」…そんな言葉を連呼されても、慣れてしまえば大抵の選手は気にしなくなります。

では有効な方法とは？

それは相手の琴線に触れる言葉を用いることです。

たとえば、シュートが苦手なことを隠そうとしている打者がいます。そんな彼に対してキャッチャーがボソッと「3球、全部シュート」と、つぶやいたとします。打者は動揺せずにはいられないでしょう。バッターの集中力を削ぐのに必要なのは、ただうるさいだけの野次ではなく、相手の琴線に触れる一言なのです。

野球 あるあるメンタル練習法

野球メンタルあるある 09
代打だとまったく打てなくなってしまう。

　普段はレギュラーとして試合に出場している。打率は３割前後とコンスタントにヒットを放っている。
　でも、時にベンチスタートとなることもある。
　そんな時は試合終盤にピンチヒッターとして出場することが多いのだけれど、ここで打てた試しがない。代打成績は12打数ノーヒット４三振。
　チャンスの場面で「この１打席で勝負！」と思うと、つい力んでしまい、本来のバッティングができなくなってしまう。

こんな場合の解決方法は？

メンタル解決法

ポイントチェック　「不動心」よりも「微動心」が大切！

　優れた耐震構造を有した建物は、いざ地震が起きた時に、自らわずかに揺れるようにできています。この特性により建物を守るのです。もし地震が起きた時に1㍉も揺れないようにと建物が頑張ろうとすれば、壁が落ち、柱が折れ、すぐに崩壊や倒壊してしまうことでしょう。

　それと同じように選手も、心の揺れ幅を持っておくことが大切です。私は、選手たちに「不動心」ではなく「微動心」をすすめています。完璧さを求めると、ほんの少しの綻びで、心が折れてしまう場合があります。でも、「これくらいは仕方がない」という許容範囲を、あらかじめ持っていれば、少しくらいのつまずきで心が折れることはありません。

　大切なのは「不動心」ではなく「微動心」と憶えておいて下さい。

　代打に送られた時、「この1球で決めなければ…」と思い詰めると、緊張し、身体の動きを硬くしてしまいます。ならば、普段レギュラーとして試合に出ている時は3打席4打席あるのですから、その時と同じように考えてみればどうでしょう。

　野球は完璧を求めてはいけないスポーツです。何故ならば、長いシーズンを闘う中で、打率10割の選手など存在しないからです。3割をマークすれば好打者ですが、その数字は逆からみれば、7割は失敗している訳ですから。

　4打数2安打は立派な数字です。3打数1安打でも打率3割を超えています。代打に送られた時も「3回代打のチャンスがあれば、そのうち1回ヒットを打てればいい」くらいの許容幅を持ちましょう。すると身体から硬さが除かれ、良い結果を生む確率が高まります。

野球あるあるメンタル練習法

野球メンタルあるある 10

試合になると、バントを失敗してしまう。

　実戦において「バント失敗」のケースは意外なほどに多い。

　「無死一塁」「1死一塁」「無死一、二塁」…さまざまな場面でベンチからバントのサインが出される。バッターは狙ったコースに、できるだけ打球の勢いを殺してバントを決めようとするけれど、なかなか上手くいかないのだ。ピッチャーの正面に強い打球を弾いてしまう。

　練習の時には、いつも上手くバントを決めることができる。ほぼ100％の確率で、ゆるいゴロを転がせるはずなのに、試合になると、何故か、バントを失敗してしまう。

こんな場合の解決方法は？

メンタル解決法

ポイントチェック 筋弛緩法を用いて身体の力みを取り除く

　練習のときは上手に打球を殺して、バントを決めることができる。対して試合になると小フライを上げてしまったり、強いゴロを野手の正面に転がしてしまう。
　この違いは何によって生じるのか？
　それは、身体を柔らかく使えているか、ガチガチに硬くしてしまっているかの違いです。
　試合になると心が緊張し、それが身体に伝わります。硬い動きでは勢いを殺した絶妙のバントはできません。ならば、身体から力みを取り除きましょう。
　緊張していると感じたらバッターボックスに入る前に拳を握って、肩や腕に思いっ切り力を込めてみて下さい。そして直後にスーッと力を抜きます。この動作を5回ほど繰り返せば力みが除かれていることに気づけるはずです。
　中途半端な緊張状態から、身体を緩めるのは難しいですが、思いっ切り身体を緊張（硬く）させれば、その後はもう力を抜くしかありません。身体を柔らかくして打席に入れば、普段通りに上手にバントを決めることができます。

解決法プラスアルファ

緊張し過ぎるピッチャーも、ブルペンで思いっ切り力んで投げてみよう

　「力んでしまう」のは、バッターだけではありません。緊張のあまりに身体を硬くしてしまい、普段とおりの投球ができなくなるピッチャーも多くいます。
　そんなピッチャーにも私は言います。
「思いっ切り力んで投げてみなさい」と。
　マウンドに上がる前のブルペン。ワンバウンドになっても、キャッチャーの頭の上をボールが越えていっても構わないから、ガチガチになるほどに思いっ切り身体に力を入れた状態で投げてみるのです。そうすると投げ終えた後に身体が緩みます。
　マウンドへ上がってからの投球練習だと、周囲の目もあり、なかなかやりにくいでしょうから、ブルペンで、この「筋弛緩法」を試してみて下さい。

野球 あるあるメンタル練習法

野球メンタルあるある 11

試合前に威嚇され、ビビってしまう。

　試合前、球場の外にいると、これから対戦する相手チームの選手3、4人が自分に近づいてきた。
　いかにもガラの悪い連中。いじ悪そうな笑みを浮かべている。
　「大したことないピッチャーのクセに、調子に乗ってインコースなんて突いてきたらタダじゃおかねぇからな」

「インコース投げたら、お前の打席の時に顔面にぶつけるぞ」
「わかったか、コラ！」
　囲まれて、おどされてしまう。
　ビビってしまい、力が発揮できずに試合も負けてしまった。

こんな場合の解決方法は？

メンタル解決法

必要以上に反応しない、相手を面白がらせない

　試合前に相手チームの選手を脅してよいはずがありません。そんなことが公になれば大きな問題になるでしょうし、最近では、ほとんどないでしょう。
　でも、まだ一部では、こういった行ないが存在していると聞きます。たとえば試合前の練習用グラウンドで、これから対戦するチームの選手同士がはち合わせる場面があります。そんな時、あろうことか監督が選手に言うのです。
　「ちょっと挨拶してこい！」と。
　「挨拶してこい」とは、つまり「威嚇してこい（脅してこい）」という意味です。
　2、3人の選手が相手チームのエースのところへ行き、「メッタ打ちだ！」「ただじゃ帰さないからな！」などと言って、脅かしてくるのです。
　もし、こんな目に遭ったら、どうすれば良いのか？
　大事な試合の前に、恐怖感で縮こまったり、心を乱されたくはありません。大切なのは、必要以上に反応しないことです。「いじめ」と同じで、こちらが怖がったり嫌がったり、抵抗したりすると相手は面白がって、さらに脅しがエスカレートしてきます。つまりは、ここで相手に面白いと感じさせなければよいのです。
　「メッタ打ちにしてやる！」
　そう言われたならば、オープンに構えて笑顔で「どうぞ、打って下さい」と受け流してみましょう。相手がビビらないと解れば、面白くないので、すぐに退散していくでしょう。
　また〈あるある8〉の時と同じように、意識を内側に向ける方法もあります。相手にせず、自分の世界に入り、まったく別のことを考えるのです。
　「今日の夕飯は何か？」「好きな○○さんは今日の試合、観に来てくれるだろうか？」とか、何でもよいので楽しいことを考えて意識を内側に向け、雑音が入ってこないようにしましょう。

野球 あるあるメンタル練習法

野球メンタルあるある 12
打った後、一瞬止まって打球を見てしまう。

打ったら走る。
これが野球のセオリー。
わかってはいるのだけれど、バットを振り切った直後、ついつい動きを止めて打球の行方を目で追ってしまうのだ。
三塁線に強烈なゴロを放つ。
「抜けろ！」
そう心の中で叫びながら、身体の動きを止めてしまう。
打球は抜けずも、サードのグラブを弾く！　慌てて一塁へと走るのだが、間一髪アウト！
打ってすぐに走っていればセーフだったのに…。

こんな場合の解決方法は？

メンタル解決法

ポイントチェック 合図をつくる…たとえば「ヒット、エンド、ゴー！」

　人間は脳からの指示通りにしか動けません。先々までのイメージをつくっておかないと、絶え間なくスムーズに動くことはできないのです。この場合も「打つ」ことにしか、バッターの意識が向いていないために、打った後に（さぁ次は…）と考えてしまっています。それから走り出すので、動きが一瞬、途絶えるのです。

　野球というスポーツにおいて、打つことと走ることはワンセットなのですから、まずは「打ったら走る」という当たり前のことを、普段からしっかりとイメージしておくことが大切です。

　その上で、1つ合図をつくっておくとよいでしょう。たとえば…

「ヒット、エンド、ゴー（Hit and Go）！」

　バッティングの際に必ず、この言葉を意識します。あるいは声に出しても構いません。そうすることで、打った後には走るという意識ができ上がり、すぐに一塁へ向かって走り出すことができるでしょう。

解決法プラスアルファ

練習の時から先々までをイメージし、動くことが大切

　本来、「打つ」と「走る」はワンセットなのですが、実際には、この2つの練習が分けて行なわれることがほとんどです。

　フリーバッティングでは、打った後には走りません。何球も何球も打ち続けます。これは守備においても同じことが言えるでしょう。「捕る」と「投げる」はワンセットなはずです。ゲームにおいて、ショートはゴロを捕ったら、一塁へ送球します。しかし、守備練習でノックを受ける場合、選手はボールを捕ることに専念します。一塁へ送球することなく何球も何球もゴロをさばき続けることがあります。

　このために、打った後に一瞬止まってしまう。あるいは、捕った後、投げる前に一瞬の間ができてしまうのではないでしょうか。

　練習と試合を分けて考えてはいけません。練習の時から、先々までをイメージして試合感覚で動くことが求められます。

野球 あるあるメンタル練習法

野球メンタルあるある 13
無理な場面でも、つい腕をグルグルと…。

「お前、消極的過ぎるよ！（ランナーを）回せよ、同点になったぞ！」
試合終盤、2死二塁でバッターがライト前にヒット。しかし、野手が前進守備を敷いていたこともあり、ランナーを三塁でストップさせた。次打者が凡退。結局、チームは同点に追いつけず。ベンチに戻るとすぐに、監督から、そう言われた。
以降、ランナーコーチを務めるときは、グルグルと腕を回し続けるようになった。
「消極的になってはいけない」
そう思うばかりに、「壊れた信号機」と化してしまう。

こんな場合の解決方法は？

メンタル解決法

ポイントチェック 「欲の心理」を捨て「攻めの心理」を築こう

「欲の心理」と「攻めの心理」は同じではありません。

もっともっと、少しでも多くと、状況判断などせず、際限なく欲しがるのが「欲の心理」。対して視野を広く持って、置かれている状況も踏まえ冷静に計算、その上で最大限を尽くすのが「攻めの心理」です。

ランナーコーチに求められるのは「欲の心理」ではなく、「攻めの心理」であることはいうまでもありません。

積極的にいかなければ…との思いが強く、アウトのタイミングであってもランナーにホームに突っ込むように指示してしまうのであれば、そこにマイナス思考を加える必要があります。「ここで無理をしたらアウトになってしまう。チャンスを広げ次のバッターに期待してもいいのでは…」という思いを持つことでバランスをとるのです。

逆も言えるでしょう。消極的な気持ちに支配され、ホームでセーフになるタイミングにもかかわらずランナーを三塁でストップさせてしまう。そんな時は「ここで点が入れば逆転。どうしても1点が欲しい、行かせてみよう」というプラスの思考を加えるのです。

ランナーコーチには「攻めの心理」が必要です。でも、それは単に積極的であれば良いというものではありません。さまざまな状況をイメージすることで、上手くバランスがとれれば、的確な判断ができるようになります。

攻めの心理 = 欲の心理 + マイナス思考

守りの心理 + プラス思考

解決法プラスアルファ

試合前の情報収集こそが、的確な判断を実現させる

的確な判断をするためにランナーコーチは「情報収集」を欠かしてはいけません。

試合前に、まずグラウンドをチェック。外野の芝を見て、打球の転がりが速いか遅いかを確認します。相手チームの守備練習からも目を離さないようにしましょう。レフト、センター、ライト全外野手の肩の強さも見極めます。その上でゲームが始まったら前に出てきているのか、後ろに守っているのか…位置の確認も重要です。

これらが十分に発揮されれば「欲の心理」に支配され、壊れた信号機のように腕をグルグル回し続けてしまうことはなくなります。

野球あるあるメンタル練習法

野球メンタルあるある **14**

えぐられた後、恐怖心で踏み込めなくなる。

　特別にインコースが苦手というわけではない。でも内角にデッドボールにならんばかりのボールを投げられ、仰け反らされてしまうと、どうしても恐怖心を抱いてしまう。
　自分に恐怖心を植えつけることが相手バッテリーの意図だとわかっていても、その直後は踏み込んでは打てない。
　2ストライクと追い込まれた後に、これをやられると、必ずアウトコースのボールで見逃し三振にされてしまう。

こんな場合の解決方法は？

メンタル解決法

ポイントチェック　打席を外して、ゆっくり20まで数える

怖い経験をした時、背筋にスーッと何かが走っていくような感覚を味わったことのある人は多いと思います。これは体内にアドレナリンというホルモンが出ている状態なのですが、その後すぐに、この感覚は身体から消えていきます。少し怖い経験をしても時間が経てば、その記憶は消去されるのです。

インコースのボールに仰け反る恐怖を感じた時、まず大切なのは時間を置くことです。いったん打席を外して、ゆっくりと数をかぞえてみましょう。「1、2、3、4…」

20までかぞえてみて下さい。すると徐々に恐怖感が消えていきます。素振りをしながら数をかぞえても構いません。この時、アウトコースに目つけをしながらバットを振るとよいでしょう。30秒経てば、この恐怖に対する「短期的記憶」は消えます。

相手投手は、インコースを突かれた残像が打者の頭の中から消えないうちに、次のボールを少しでも早く投げようとします。でも、そのペースに乗せられてはいけません。打席を外して時間を置きます。そうすることで、平常心が戻り、先ほど投じられたインコースの1球は相手バッテリーにとって"無駄球"となります。

メンタルなるほどストーリー

少し怖い体験をしても「短期的記憶」は30秒で消去される

上の項で「短期的記憶」という言葉を使いましたが、人間には、「長期的記憶」と「短期的記憶」が存在します。

たとえば、デッドボールを喰らって腕を骨折したとします。これには痛み、その後のダメージも伴いますから強烈な記憶として残ります。これが「長期的記憶」であり、簡単に消せるものではありません。交通事故に遭った人が横断歩道を怖くて渡れなくなるのと同じ現象です。

一方、ちょっとした怖い経験をした時に宿る「短期的記憶」は、30秒ほどで消し去ることができます。インコースを厳しく突かれて尻もちをついた程度なら、その恐怖の記憶は、それほど長く続くものではありません。そのことを覚えておけば、打席で平常心を失うこともないでしょう。

野球 あるあるメンタル練習法

野球メンタルあるある 15
練習後も、ミスしたことが頭から離れない。

「捕れたはずなのに…」
　練習でエラーをしたことが頭から離れない。
　内野のノック。立て続けに2球、後逸してしまった。普段なら、簡単にさばけるゴロ。多少イレギュラーしたとはいえ、捕れないボールではなかった。
「何で捕れないんだ、俺は…」
何度も何度も、そう思う。練習後だけでなく、家に帰ってから布団に入るまで、時には翌日まで、その思いを引きずってしまう。

こんな場合の解決方法は？ ➡

メンタル解決法

ポイントチェック ビデオの録画のようにイメージを上塗りする

　実は人間は、常に過去を美化しながら生きています。何故ならば、苦しい経験を背負いながら生きていくのは辛いからです。どんなに苦しい毎日を過ごしてきたとしても、「ああ何と素晴らしい人生だ」と思い込もうとし、それを続けているうちに、本当に美しく素晴らしい人生を送ってきたような気持ちになっている場合が多くあります。自分自身をだますことは、それほど難しくはありません。
　「嘘から出た誠」「嘘も1000回つき通せば真実になる」などとも言われますが、自分で記憶を塗り替えてしまえば実際にそうなります。
　さて、練習でミスをした直後、それを引きずらないためにはどうするか？　ぜひ「イメージの上塗り」をやってみて下さい。
　イージーゴロを弾いてしまった後、「しまった！」と思います。でも、その直後に「何で今のが捕れなかったのか…。俺は何をやっているんだ」と気持ちをマイナスの方向に持っていくのはやめましょう。ここでは反省は役に立ちません。たとえば、こんな風に考えます。
　（捕れなかった）→（いや、今のは捕れただろう）→（そうだよ、いつも俺は捕れている）→（そう捕れるんだよ）→（いや、捕れていたじゃないか）→（上手く捕れていた）→（そうそう、次も上手く捕るぞ）。
　パソコンのデータや、テレビのビデオ録画を上から書き直しするように、記憶を上塗りするのです。
　これは「気持ちの切り替え」とは違います。切り替えようとすれば、失敗をした記憶を一度捨てなければなりません。その時に、どうしても失敗のイメージにこだわってしまいます。そうではなくて、新たなプラス思考のイメージを作り上げ、そのまま上塗りすればよいのです。これを繰り返せば、練習のミスを引きずるようなことはなくなるでしょう。

野球あるあるメンタル練習法

野球メンタルあるある
16 監督の顔ばかり気にしてしまう。

「あちゃー、また監督が怒ってるよ。まいったなー。試合が終わったら正座だよ。何言われるのかなぁ。でもちょっと連続フォアボールはまずいよなぁ…」
　初回に、相手チームの1、2番を歩かせてしまい、自分のことをジッと睨んでいる監督のことが気になって仕方がない。

　本当はバッターを打ち取ることに専念しなければいけないのに、どうしてもそれができない。常にベンチで仁王立ちしている監督の表情をチラチラと見てしまい、集中できないのだ。

こんな場合の解決方法は？ ➡

メンタル解決法

ポイントチェック 合図をつくってバッターに集中！

監督の顔を気にするのは、自分の思い通りのピッチングができていないからでしょう。相手打線をしっかり抑えて好投ができていれば、監督の顔色はうかがわないはずです。

でも、いつも良いピッチングができるわけではありませんから、ここでは、調子が悪くても監督の顔色をいちいち気にしなくなる「合図」を作っておくとよいでしょう。

たとえば、フォアボールを出したり、ヒットを打たれた直後に、ユニフォームの胸の部分に手を当てることにします（もちろんロージンに触れるなどの合図でも構いません）。そして、「胸に手を当てたら、打者に集中！」といった決めごとも作ります。これは、ベルを鳴らす度にエサを与え続けられた犬は、ベルが鳴るだけでよだれを垂らすようになるという、「パブロフの犬」の名で知られる実験と同じ「条件づけ」です。Aという刺激を受けたらB。つまり「胸に手を当てたら、打者に集中！」という習慣をつけておくのです。バッターを一塁に歩かせてベンチの方に視線を向けそうになったら胸に手を当ててみて下さい。

ただ、これは合図を決めればすぐにできるというものではありません。繰り返し繰り返しやる中で身につけていくものなので時間がかかります。また試合の時だけやろうとしても、なかなか身につきませんから、練習の時から取り入れていきましょう。

メンタルなるほどストーリー

合図を習慣づければ、集中力を維持できる！

オリンピックにも出場経験のある女子ソフトボールの選手が以前、私に相談に来たことがありました。

「打つことに集中しているあまりに、ヒットを打って一塁ベース上に立つと、ホッとして一瞬、気が緩んでしまいます。そのせいで、よく走塁を失敗してしまうんです。ついつい、飛び出して、キャッチャーからの送球でアウトになってしまったり、大事なところでスタートが遅れるのです」

私は、その選手に「合図をつくるといいよ」とアドバイスしました。一塁に出たらユニフォームの袖を軽く引っ張るのです。これを行なうことで今度はランナーとして試合に集中…そう意識を切り替えるわけです。これが徐々に習慣づき、彼女は気持ちの切り替えができるようになり、集中力が途絶えなくなりました。

野球あるあるメンタル練習法

野球メンタルあるある 17
合宿、遠征試合…食欲をなくしてしまう。

　普段は、しっかりと食事を摂っている。決して大食いタイプではないが、人並みに食欲はある。しかし、環境が変わると急に食べられなくなってしまう。

　たとえば、泊まり込みでの合宿、遠征試合の時などは食欲がなくなってしまうのだ。お腹が空いていないはずはないのに、食事を目の前にして箸を持つ気になれない。

「お前はしっかり食べないからダメなんだ。そんなんじゃ体力がつかないし、上手くならないぞ！」

　監督やコーチからも強い口調で、そう言われるのだが、どうしても食欲が湧いてこない。

こんな場合の解決方法は？

メンタル解決法

ポイントチェック 食事の1時間ほど前に小さなパンを食べる

緊張状態にあると、消化機能が低下し食欲が湧きません。食欲はリラックスした状態にないと湧いてこないのです。

また逆に、ご飯を食べて満腹になるとリラックスできます。これは消化作用がうながされるために副交感神経が優位になり、そのために身体が弛んだ状態になるからです。

食べられない原因は、緊張していることにありますからリラックスした状態をつくるようにしましょう。

たとえば、昼食時に食欲が湧かないのであれば、その少し前、11時くらいに小さなパンを1つ食べます。それほど食欲がなくても小さなパン1つなら口にすることができます。すると消化作用がうながされ、リラックスしてきます。いうなれば食事前の「胃のウォーミングアップ」。これを行なうことでリラックスした状態で昼食の時間を迎えることができ、徐々に食が進むようになるはずです。

解決法プラスアルファ

適度の緊張も大切…「試合直前の食事」には気をつけよう

「しまった、身体が重くてだるいよ。試合前なのに、ご飯を食べるんじゃなかった」

そんな声を時々、耳にします。

ご飯を食べると身体が重くなる。でもこれは、言うまでもないでしょうが、胃がふくれた分だけ、物理的に重くなった訳ではありません。

胃袋が満たされたことで、消化作業が活発化し副交感神経が優位になり、リラックス状態がつくられて身体がだるくなっているのです。ご飯を食べた後に眠くなる経験をしている方は多いと思いますが、それと同じです。

試合や練習に挑むには適度の緊張も必要。まったく食欲が湧かずにエネルギー補給ができないのも困りますが、大切な試合の前には食べ過ぎにも注意しましょう。バランスが大切です。

野球 あるあるメンタル練習法

野球メンタルあるある 1日

チャンスの場面ではまったく打てない。

　バッティング練習ではフェンス越えを連発。身体は大きくパワーがあり、スイングスピードも速い。本来ならチーム１のスラッガーなはず。

　でも、チームのクリーンアップを任せてはもらえない。以前は４番に名を連ねていたが、いつしか外されてしまった。その理由は「チャンスにめっぽう弱い」から。

　競ったゲームのチャンスに回ってきた打席で、ことごとく凡退。「気持ちの弱い選手」

　監督やチームメイトから、すっかりそう決めつけられてしまっている。

　こんな場合の解決方法は？

メンタル解決法

ポイントチェック 何をすべきか明確にして打席に立つ

　ランナーがいない場面で回ってきた打席では、やるべきことは限られています。ヒットを打って、あるいはフォアボールを選んで塁に出て、次のバッターにつなぐことが求められるでしょう。

　しかし、得点チャンスの場面で打席が回ってきた時には選択肢が一気に増えます。たとえば1死ランナー二、三塁の場面でやれることは数多くあります。〈外野へ犠牲フライを上げる〉〈右狙いのバッティングで内野ゴロになっても三塁ランナーを返す〉〈ヒットを放ち一気に2点を取る〉〈フォアボールを選ぶ〉あるいは〈スクイズ〉…。

　やれることの選択肢が多いために、何をすべきか迷ってしまう…それがチャンスで打てない原因の大きな一つでしょう。

　本当は得意な低めのボールを狙いたい。でも、外野フライを打つなら高めも…とも思い、考えがまとまらないうちに打席に立ち、中途半端なバッティングをしてしまう…そんな選手が多いようです。

　チャンスに強いバッターになるために大切なのは「（この場面で）何をすべきか明確にして打席に立つ」ことです。

　1死、二、三塁。外野フライを狙うと目的を明確にしたなら高めのボールを待ちます。

　上手く外野フライを打ち上げることができれば成功。フライが伸びてホームランやヒットになれば大成功。もし、思ったほど打球が伸びずに浅いフライになってしまったとしても、それは結果に過ぎません。少なくとも、何をやりたかったのか分からない中途半端なバッティングはしないですみます。自分が何をすべきかを明確にできれば、チャンスの場面でも臆することなく普段通りのバッティングができるはずです。

野球 あるあるメンタル練習法

野球メンタルあるある 19

「犠牲フライでOK！」という場面で、力んで凡打してしまう。

3－3の同点で迎えた八回裏。
1死ランナー三塁の場面で、打席が回ってきた。
ここで1点を取れば、一気に勝利に近づく。ヒットを打たなくてもよい。外野へ高々と打ち上げることができれば、それが犠牲フライとなり、勝ち越しだ！
「犠牲フライでいい…」はずなのだが、そんな場面に限って、力んで三振をしたり、内野にゴロを打ってしまう。

こんな場合の解決方法は？

メンタル解決法

 高めを意識した時の感覚のズレに気づこう

「高めのボールを打たなければいけない」
外野へ大きなフライを打ち上げたい場面で、バッターはそう強く思います。すると感覚にズレが生じてしまうことが多いようです。

自分では絶好球が来たと思ってバットを振るのですが、実際にはそれより高いところにボールが来ている…真芯で捕らえたつもりが、ボールの下側にバットが当たっており、結果、浅いフライに倒れてしまうことがよくあります。その直後にバッターは、

「スピードがあって振り遅れた」

などと言いますが、そうではないのです。一度、その打席をビデオで観てみて下さい。自分自身の「感覚」が、当てにならないことに気づくはずです。

高めの球を打つ時には、ボールの上を叩くようにバットを振るとよいでしょう。そうすれば、ちょうど芯に当たるのです。

 解決法プラスアルファ

良いバッティングができた時のイメージをしっかりと残しておく

思い通りのスイングで上手く外野フライを打ち上げることができた時には、そのイメージをしっかりと残しておくことも大切です。

その残しておいたイメージをすぐに思い浮かべることができれば、いざという場面で活用できるでしょう。打席に立つ前に目をつぶって、自分が高々と外野フライを打ち上げているシーンを思い浮かべてみます。ヒジの角度がどうの…開く足幅がどうの…といった細かな部分は必要ありません。大まかでよいのです。ゆったりとしたフォームでバットを振り切る自分の姿をイメージするのです。

これは〈犠牲フライを打ち上げる〉に限ったことではありませんが、良いプレーができた時のイメージを残しておくと、チャンスの場面でも身体を硬くせず、スムーズに動けるようになります。

あるあるメンタル練習法

野球メンタルあるある **20**
追い込まれると、ネガティブになる。

　打席に入るときは、上手くやれそうな気になっている。1球目、アウトコースの際どいボールを見逃してストライクを取られた。
　2球目、インコースのボールを引っ張って三塁側にファウル。
　カウント0－2。
　追い込まれてしまった。すると急に頭の中がネガティブなイメージに支配されてしまう。
　「フォークかな？　落とされたら振ってしまいそう」
　「もうダメだ。当てにいくしかない」
　案の定、釣り球に引っ掛かって凡退してしまった。

こんな場合の解決方法は？

メンタル解決法

ポイントチェック ゆっくり大きく呼吸し負のイメージを払拭

ネガティブなイメージばかりが浮かんでくるのは、頭の中がクリアになっていない証拠です。2ストライクを取られ追い込まれたことで緊張度が増したために、正しい判断ができなくなっているのです。ならば、呼吸を用いて頭の中をクリアにしましょう。

バッターボックスを外し、鼻からゆっくりと大きく息を吸って呼吸をします。

5秒ほど息を吸い、3秒ほど止め、7秒くらいかけてゆっくりと息を吐く。これを3～5回繰り返して下さい。緊張感が取り除かれリラックスできるはずです。

人間は緊張状態にあると呼吸が浅く、速くなります。そうなると脳に十分な酸素を送り込めなくなり、正しい状況判断もできなくなるのです。ゆったりとした呼吸で脳に十分な酸素を送り込み、頭の中をクリアにし、マイナスイメージをリセット。意識をプラスの方向へ傾けていきましょう。

メンタルなるほどストーリー

カウントなんて気にしない！　好球必打を心掛けよう

カウントを過剰に気にする必要はありません。確かに、あと1球ストライクを取られれば三振になりますが、ノーストライクの時も、1ストライクの時も、ボール球は見送り、ストライクの球を好打しようと試みていたはずです。同じ気持ちで打席に立てばよいのです。〈あるある5〉でも記しましたが、カウントは1球1球の積み重ねに過ぎません。いかなるカウントにおいても"好球必打"の意識は変わらないはずです。

アウトになるという意味では三振も凡打も同じ。当てにいくバッティングをして凡打になるよりも、三振を恐れずに普段通りに思いっきりバットを振り切ればよいのではないでしょうか。

カウントなんて気にしない。

それくらいの気持ちで打席に立てば、ネガティブなイメージなど浮かんできません。

野球 あるあるメンタル練習法

野球メンタルあるある 21

盗塁のスタートが上手く切れない。

　100メートルを5秒8で走る快速の持ち主。その速さを買われて「1番センター」でレギュラーの座をつかんだ。

　一塁に出れば、ベンチからは当然のように盗塁を期待される。

　自分でも足の速さには自信があるのに、頭の中には、さまざまな不安がつのる。

　「牽制球で刺されたらカッコ悪いなぁ」

　相手ピッチャーからは常にジッと睨まれ、何度も牽制球を送られる。ベンチからは自由に走っていいと言われているのに、どうしてもスタートを切る勇気が出ない。

こんな場合の解決方法は？

メンタル解決法

ポイントチェック ベンチにいる間にタイミングを合わせる

　足の速さと盗塁テクニックに自信があるならば、スタートを切る決断がつかないことは、ほとんどありません。

　むしろ自分の「見せ場が来た」とプラスに考えます。と、同時に、「俺が走ってアウトになったら、それは仕方がない」と開き直りもできるはずです。

　では、スタートに自信が持てない場合、どうすればよいか？　自分のスタートのタイミングを上手くつかむ必要があります。

　バッターはピッチャーが投げてくるボールに対して「1、2、3」でタイミングを取ります。「1、2」でタイミングを合わせて「3」で打つ訳ですが、同じことを塁上でやってみましょう。ただ、塁へ出てからタイミングを合わせようとしても遅いので、ベンチにいる間からピッチャーの動きを見て、それに合わせてタイミングをつかんでおきます。イメージするだけではなく、ベンチに座りながらでも構いませんから上半身を動かしてみるのです。これを繰り返す中で、上手くスタートのタイミングをつかめれば塁上で悩むこともなくなります。

解決法プラスアルファ

「行かなければいけない」状況を自分でつくる

　ベンチから盗塁のサインが出たならば、ランナーは必ず走ります。でも、「自分の判断で自由に走ってよい」と言われている場合に、なかなかスタートの決断がつかないという選手は多くいます。

　（もしアウトになったら…）

　そんなマイナスのイメージが頭の中に広がり、スタートが切れなくなるのです。

　決断がつかない…ならば、自分で「行かなければいけない」状況をイメージの中でつくり上げていくのです。

　セーフになるか、アウトになるか…それはあくまで結果です。気にする必要はありません。そのこと以上に、ここで走らなければ「足は速いけど勇気のない奴」というレッテルを相手チームからもチームメイトからも貼られてしまいます。ここで走れるか否か…そのことで自分が試されていると考えてみて下さい。徐々に自分の中で「行かなければいけない」状況ができ上がっていくはずです。

野球あるあるメンタル練習法

野球メンタルあるある 22
ケガをした箇所を完治後も気にしてしまう。

　練習中に左膝の半月板を損傷してしまった。
　思ったよりも症状は重く、手術をすることになったが、術後の経過はよく完治した。
　「もう大丈夫だ。思い切ってプレーをして大丈夫だよ」
　主治医からは、そう太鼓判をおされた。

　自分でも「もう大丈夫！」と思って練習に戻ったのだけれど、何故か無意識のうちにケガをした左膝を気にしてしまう。特別な違和感がある訳ではない。なのに、ついつい膝をかばうような動きをしてしまうのだ。

こんな場合の解決方法は？　→

メンタル解決法

ポイントチェック 別の箇所に意識を持っていく

　小さな子供が転んで、ヒザに擦り傷をつくり泣いていたとします。ヒザに少しだけ血が滲んでいました。それを見て子供は、さらに泣きます。そこへ、お母さんがアイスクリームを持ってやってきました。アイスクリームを受け取ります。すると子供はあっさり泣き止み、笑顔を見せます。

　子供はヒザが少し痛くて泣いた訳ですが、その意識がアイスクリームによって逸らされたことで、痛みを忘れたのです。

　同じように意識を逸らせてみましょう。

　完治しているにもかかわらず、ヒザが気になるのであれば、別の箇所に意識を置くようにします。たとえば腕を意識します。バッティング練習の際に腕を叩いて、そこを意識しながら打つのです。おそらく、またすぐにヒザが気になり始めるでしょうから、一打席ごとに腕を叩きます。意識を別のところに持っていければ、以前に負傷した箇所を気にせず練習できるようになるでしょう。

解決法プラスアルファ

「医学的な完治」と「自分の中の完治」

　「先生（医師）からは『もう完全に治った、大丈夫だ』と言われました。でも時々、痛むことがあるんです。痛むというか違和感があるんですよ」

　ケガ明けに、そう訴える選手もいます。

　もし完治していないのなら別ですが、完治しているならば、本来、その箇所が痛むはずはありません。ただ、ケガをした時のことが強烈なイメージとして残っていると、自分の中で痛みをつくり出してしまうこともあります。

　そんな時は、練習の再開を少し待った方が良いかもしれません。実際には完治していても、本人が「まだ、痛い」と感じるならば、どうしてもその部分をかばいながらプレーしてしまいます。すると、身体全体のバランスを崩しかねません。自分の中の「痛い」というイメージを消してから動いた方が、調子を狂わさずに復帰できます。「医学的な完治」と「自分の中の完治」の時期は同じではないのです。

野球 あるあるメンタル練習法

野球メンタルあるある **23**
他人のバットを使った方がよく打てる。

　長年、愛用してきたバットがある。

　試合のときは、必ず、このバットを手に打席に立ってきた。

　ところが、ある試合の時、自分のバットを持っていくのを忘れてしまった。

　仕方なくチームメイトのものを借りて打席に入ってみたら、このバットが驚くほどに振りやすい。結果も4打席4安打4打点。

　それ以来、自分のバットでは打てず、チームメイトにバットを借りると大当たりという状態が続いている。

こんな場合の解決方法は？

メンタル解決法

ポイントチェック 自分の動きに合ったバットを選び出す！

「いつも、このバットを使っているのだから、今日も、このバットで打たなければいけない」などというルールは、もちろんありません。

自分のバットよりも、チームメイトから借りたバットの方が打ちやすいのなら、そのバットを借りて打ち続ければよいでしょう。

バットは素材も形状もさまざまです。

木製バットの素材にはアオダモ、メイプルホワイト、アッシュなどが用いられていますが、それぞれ打った感触は異なります。また形状においても、グリップ（手で握って打つ部分）の細いもの、太いものがあり、ヘッド（ボールを打つ部分）の太さも異なります。また同規格のものであっても感覚的には、まったく同じではありません。

さまざまなバットを使ってみて、自分の身体の動きに合致するものを選んで試合で使えばよいでしょう。

解決法プラスアルファ

自分に合ったバットは、その日のコンディションによっても変わる

今、使っているバットが最も自分に合っていると思っている人も、打撃練習では、さまざまなバットを試してみるとよいでしょう。

「いつもこのバットを使っているのだから絶対にコレ！」

そう決めつけてしまっては、新たな発見も成長も望めません。

実際、その日のコンディションによって振りやすいバットが変わることはよくあります。

疲れがたまっているときは、軽いバットの方がよいでしょうし、調子が良くバランス感覚もしっくりきていると感じるときには、少し重めのバットの方が合う場合もあります。またスランプに陥ったときなどは、バットを替えることで気分転換もできます。

なぜ、他人のバットだと打てるのかと不思議がるよりも、自分に合ったバットを模索してみて下さい。

野球 あるあるメンタル練習法

野球メンタルあるある 24
バントの構えをされると、ストライクが入らない。

決してコントロールは悪くない。むしろボールの出し入れには自信を持っている。

なのに、相手打者にバントの構えをされると、途端にストライクが投げられなくなってしまう。ホームベースに覆い被さるようにして構えられると実に投げにくい。

バットを引かれ続け、カウントを悪くし、結局、フォアボールを与えてしまう。歩かせるくらいならバントをさせて、アウトを1つもらえばよかったのに…。

こんな場合の解決方法は？

メンタル解決法

ポイントチェック ベニヤ板や箱を用いて狭く感じる「的」に慣れる

ブルペンでならば、ピッチャーはとても投げやすいと感じます。キャッチャーミットに集中してコントロールよくボールが投げられます。そこにバッターが立ちます。すると左右いずれかに壁ができたように思え、少し「的」が狭くなったように感じます。さらにホームベースに覆い被さるようにして、バントの構えをされたならば、左右だけではなく上下の幅も狭まったように思えて、さらに投げにくいと感じることでしょう。

本来は、誰も立っていなくても、バントの構えをされても、ミット目がけて投げることに変わりはありません。でも、〈バッターとホームベース〉〈バットとホームベース〉の間に短い距離が生まれたことで、投げづらいと感じてしまうのです。

ならば日頃から、この距離に慣れる練習をしておけばよいのです。右のイラストのように段ボール箱やベニヤ板を使った簡易の「打者」を、ホームベースの横において投球してみましょう。あくまでも的はキャッチャーミット。そのことを意識しながら、この左右上下に生じる距離に慣れておけば、試合でバントの構えをされても「投げにくい」とは感じなくなります。

解決法プラスアルファ

バットを目がけて投球すると…

バントの構えをされたなら、ややインコース気味にバットを目がけて投げるのも効果的です。そんなことをしたら、相手の思うツボじゃないか…と思われるかもしれませんが、そうでもありません。

人間は本能的に、自らも動きながら、動くものに対応しようとします。その方が能動的に動けるからです。バントの場合も同じで、ボールにバットを合わせるようにして少し動いた方が決めやすいはずです。

それが、構えているバットの位置にボールが来たらどうなるでしょう？ バッターは動くことができずに受け身になり、ボールの方からバットに当たっていく形に…。強い打球が転がる可能性が高まり、ダブルプレーでピンチを切り抜けられるかもしれません。投げにくさを感じたら、思い切ってバットを的にしてみましょう。

野球 あるあるメンタル練習法

野球メンタルあるある 25
野手がエラーをすると、イライラしてしまう。

打たれて負けることもある。
バッターと真っ向勝負をして打たれたなら「まぁ仕方ないや」と納得がいく。
ホームランを打たれても、リズムを崩すことはない。
「この後をしっかり抑えれば…」
そう気持ちを切り替えることもできる。

しかし、「打ち取った！」と思った直後、味方の野手がエラーをして、ランナーを出すとイライラしてしまう。すると急に投げ急ぐようになり、普段の投球ができなくなる。

こんな場合の解決方法は？

メンタル解決法

ポイントチェック 腹と腕に力を込めれば
イライラは発散できる

苦手としているバッターをショートゴロに打ち取った次の瞬間、味方の野手がエラー…ピッチャーが感情を乱すのも仕方ないでしょう。ただ、この怒りは、エラーをした野手に対してではなく、生じている、よからぬ状況に向けられているのだと思います。

このイライラした状態のまま次のバッターと対峙したなら、おそらくあまり良い結果は待っていないでしょう。コントロールを乱し、ヒットを浴び、傷口を広げてしまうかもしれません。

一度、怒りを収めて冷静になる必要があります。ただ無理に抑えようとしてはいけません。そんなことをしても逆にイライラ感が増すばかりです。怒りは抑えるのではなく、発散しなければなりません。

怒りを発散するのに効果的なのであれば、マウンドにグラブを叩きつけるというような方法でも、本当は良いのですが、皆が注目している試合中に、そんなことをするわけにもいきません。ならば息を止めて、腹部と腕に思い切り力を込めましょう。疲れたなと思ったら、息を吐きながらスーッと力をゆるめる。すると気持ちが少しずつ落ち着いてきます。あまり周囲に動揺を与えない解消テクニックを身につけておくと便利です。

メンタルなるほどストーリー

エラーの瞬間を見なければそれほどイライラすることはない

味方のエラーでピンチを招くとイライラしてしまうピッチャーはプロにも多くいます。メジャーリーグでも活躍したあるピッチャーから相談を受けたこともあります。その際に私は、こんな風にアドバイスをしました。
「打球の行方を見ないようにしましょう。それからスコアボードを振り返って見てはいけません」
もし、味方の野手がエラーをしても、そのシーンを見なければ、そう感情を乱されません。見てしまうからイライラするわけで、見なかったら自分が招いたピンチだと思い込みやすいのです。スコアボードも同じで、あえて「E」のランプを確認する必要はありません。私がアドバイスして以降、そのピッチャーはマウンド上で感情を乱すことは少なくなりました。

野球 あるあるメンタル練習法

野球メンタルあるある **26**

良いイメージを持とうとすればするほどネガティブになる。

　バッターボックスに向かうとき、いつも過度に緊張してしまう。加えて弱気になってしまうのだ。頭に浮かぶのは、かつて悪かったときのことばかり。
「ボール球のフォークを振ってしまい三振」
「止めたバットにボールが当たり、ボテボテのピッチャーゴロ」
「カーブが来ると狙っていたら、インコースにストレートを投げられて見逃し三振」
　ネガティブなイメージが消えず、成績も下がる一方…。

こんな場合の解決方法は？

メンタル解決法

ポイントチェック 悪いイメージを吐き出し良いイメージを吸い込む

　人間の意識は、置かれている状況、また体調によっても大きく変わります。

　練習も順調、成績も右肩上がり、コンディションもよく、自信を持ってバッターボックスに立てるときは、自然に良いイメージが浮かんできます。

　すると不思議なことに得意とするコースのボールが来て、それをジャストミートしてホームラン。そうなると、さらに良いイメージが湧いてきて、次の打席でも結果を残せます。まさに絶好調。野球に限らず「何をやっても上手くいく」時期を経験した人は少なくないはずです。

　だが、絶好調を経験した人は、絶不調に陥る可能性も秘めていることを忘れないで下さい。何をやっても上手くいかない、「ジャストミート！」と思ったら強烈なライナーが野手の正面を突くといったこともあります。そんなことが続くと、良いイメージを持とうとしてもなかなか上手くいきません。

「俺はやれる。次の打席でホームランを打ってダイヤモンドを１周しているシーンをイメージしよう」

　そんな風に考えようとしても、成績が伴っていないときは心のどこかに、それを否定する思いがあり、なかなか上手くはいきません。

「またボール球のフォークを振って三振してしまうかも」

「インコースを突かれると手が出ないんだよなぁ」

　逆に、そんなネガティブなイメージを浮かべてしまうことになります。

　これは〈あるある20〉でも紹介しましたが、そんな時は、ゆっくりと大きく呼吸をしてみましょう。焦りや緊張に身体が支配されたときは、脳に酸素を送り込み頭をクリアにする必要があります。

　鼻からゆっくりと大きく息を吸って吐きます。この時、息を吸う際には、良いことを取り込むようにイメージします。逆に吐く際には、悪いことも吐き出してしまいましょう。

　呼吸は誰にでもできる簡単な動作ですが、その効果は想像以上のものがあります。

野球 あるあるメンタル練習法

野球メンタルあるある 27
試合前、何度もトイレに行きたくなる。

　試合開始まで、あと30分。
　ノック練習も終わり、ベンチ裏で待っている時、すぐにトイレへ行きたくなる。
　つい5分ほど前に行ったばかりなのに、また尿意をもよおすのだ。
　結局、30分の間に5回も6回もトイレへ行くことになる。
　落ち着かない。集中力も散漫になってしまい、そのまま地に足のつかない状態で試合に入ることになる。

こんな場合の解決方法は？

メンタル解決法

ポイントチェック ある程度、我慢をしてから試合直前にトイレに行く

　まずは、この尿意が緊張からきているものだということを理解しましょう。人間は緊張すると膀胱が収縮しますから、尿意をもよおすのは不思議なことではありません。

　10分おきにトイレに行こうと、5分おきに行こうと構わないのですが、そうすることで、周囲に自分が緊張していると悟られてしまうのを避けたい場合もあると思います。

　たとえば…
「お前、さっきもトイレに行かなかった!?　そんなに緊張しているのか」
「○○は、トイレばっかり行ってるぞ。気が弱いなぁ。大丈夫かよ」
「そんなにトイレに行って、よく出るもんがあるなぁ。試合中にしたくなったりしないか、こっちまで不安になるよ」
　そんな風にチームメイトから言われると、さらに緊張の度合いが増します。

　ならば尿意をもよおしても少し我慢してみましょう。ここでの尿意は膀胱に尿が溜まっているような緊急性を伴うものではありませんから、しばらく我慢をしてもグラウンドに出ていく直前にトイレに行けば問題ないのです。

　また、膀胱に手の平を当てて温めると、それだけで尿意が収まる場合もあります。

　お腹が痛い時に、そこへ手の平を当てると治るのと同じで「手当て」の効き目は実際にありますから試してみて下さい。

野球あるあるメンタル練習法

野球メンタルあるある 28
アドバイスがバラバラ…誰の話を聞けばよいのか。

「そんなアッパースイングじゃダメだ。しっかりボールを叩け！ダウンスイングを心がけろ！」

バッティング練習中に、以前から知っているOBからの熱血指導。

その数分後、今度は別のOBからアドバイス。

「お前の振りは大根斬りだよ。バットはアッパー気味に出して、ちょうどレベルスイングになるんだから、大きく振ることを意識しろ」

一体、どうやって打てば良いのか、解らなくなってしまう。

➡ こんな場合の解決方法は？

メンタル解決法

その人の経験則ではなく理屈を教えてもらおう

アドバイスを受ける時は「何故、そうしなければいけないのか」「何故、そうした方が良いのか」という理由を、しっかりと教えてもらうべきです。

たとえば「グリップを少し余らせてバットを持ってみろ」とアドバイスを受けたとします。そんな時は「どうしてですか？」とたずねましょう。

アドバイスをしてくれる人には、大まかに２つのタイプがあります。

（１）理屈をもって教えてくれる人
（２）理由はよく解っていないが、自分の経験則からアドバイスしてくれる人

（１）の場合、その理屈を聞いて「なるほど、そうだったのか」と思えれば、受け入れる気持ちになれます。しかし、（２）の場合は、それが本当に正しいのか、自分に合っているのか確信が持てません。そんな時は相手に失礼がない程度の態度を取り、聞き流しておけば良いのです。

「練習量は裏切らない」とよく言われます。

でも間違ったことをいくら練習しても上手くはなりません。「こうやって打て！」と言われたから、その通りやっています程度の練習では、いくらやっても自信にもつながらず上達もしないのです。納得のいく練習を精一杯やった時にのみ、成長があることを忘れないで下さい。

もう少し言えば、人からアドバイスを受ける前に、まず自分で、どのやり方が正しいのかをしっかりと考えてみる必要があります。その上で、解らないこと、指導を仰ぎたいことがあれば、自ら進んでコーチやＯＢのところへ質問に行きましょう。

上手くなるには、「教えられる」のではなく、「教えてもらいたい」という能動的な姿勢が大切です。

野球あるあるメンタル練習法

野球メンタルあるある 29
バント処理…二塁、三塁へ投げられない。

無死一塁。

当然のごとく、相手打者はバント。ピッチャーの前に転がるボール…。

捕球したピッチャーが二塁へ投げれば際どいタイミングだ。

でも、思い切ってボールを二塁に投げることができない。

「(フィルダーズチョイスになって、一、二塁オールセーフになったらどうしよう」

そんな思いが、頭を横切るためか、いつも安全策をとって一塁へ投げてしまう。

こんな場合の解決方法は？

| スポーツメンタルの基本 1 | 野球あるあるメンタル練習法45 2 | 集中力&イメージトレーニング 3 | ルーティン実践法 4 |

メンタル解決法

ポイントチェック　「二塁（三塁）で刺す！」強い意思を前提にプレーするのことが重要

投げました。バントをされました。さあ、二塁へ投げるか、一塁へ投げるか…。そんな風にボールを捕ってから考えていては、とても二塁へ投げてランナーをアウトにすることはできません。

相手がバントをしてくる可能性が高い場面では、投げる前から「ボールを捕ったら二塁へ投げランナーをアウトにするんだ」という確固たるイメージをつくっておく必要があります。

ピッチャー前に転がったゴロを捕った時点で、二塁へ投げるか、一塁へ投げるかの判断はキャッチャーがしてくれます。

「ファースト！」

そうキャッチャーが叫んだならば、一塁へ投げるべきですが、その声が聞こえるまでは二塁でランナーをアウトにするイメージで動くべきなのです。

ノーアウト、ランナー一塁、対峙するバッターはバントの構えをしている。そんな時は、「二塁でアウトにする」という強い気持ちをもってピッチングしてください。そうすれば、タイミングがギリギリの場面でも二塁へ投げるのを躊躇するようなことはなくなります。

🔶 メンタルなるほどストーリー

浅尾拓也（中日）投手がバント処理が上手い本当の理由

中日ドラゴンズで活躍している浅尾拓也投手は、バント処理の名手としても知られています。2010年には『ゴールデングラブ賞』にも輝きましたが、中継ぎ投手の受賞は異例のことでした。

相手チームがバントをしてきそうな場面で、浅尾投手は「絶対に二塁（あるいは三塁）でアウトにする！」と決めています。自分がゴロを処理し、二塁（あるいは三塁）へ素早く送球、アウトにするイメージを作り上げているのです。単にフィールディングが軽快だから、二塁や三塁でアウトにできるのではありません。事前にバント処理の最高の形を上手くイメージできているからこそ、相手チームのチャンスを摘むことができるのです。

また、「処理が上手い」と相手打者に思い込ませれば、コースを狙い過ぎての失敗を誘うことも可能になるでしょう。

野球あるあるメンタル練習法

野球メンタルあるある 30
フライを捕る時、ボールが揺れて見える。

　高々と上がったレフトフライ。
　風も強くは吹いておらず、傍から見ればイージーなフライだ。
　ところが、この時、外野手には落ちてくるボールが揺れて見えている。真っすぐ落ちてきているはずなのに、左右にボールが揺れているように感じる。
　普段の練習では、そんなことはないのに、大事な試合になると、何故かボールが揺れて見える。何とか捕球し、事なきを得るのだけれど、ボールが揺れると恐くて仕方がない。

こんな場合の解決方法は？

メンタル解決法

ポイントチェック　「視界処理」ではなく、「イメージ処理」を！

　フライを捕ろうとした時、実際にボールが揺れて見えることは稀にあります。これは、緊張などによる作用でボールが揺れて見えるのではなく、風の影響を受けて実際に揺れているのです。

　特に外野手はそうですが、風の強さ、向きなどをよくチェックしておく必要があります。ミスを犯さないために、できるだけ情報を集めておくべきでしょう。

　また、ボールが揺れて見えて捕りづらいと感じてしまう人は、視覚処理（視覚でボールを追ってしまう）傾向が強いように思います。あまりにボールを凝視してしまうために、わずかな揺れを気にしてしまうのです。ボールを1つの点として見て追ってしまうと、スタートが遅くなって目測を誤ることが多々あります。優れた外野手を目指すならイメージ処理（描かれる打球の放物線をイメージして落下地点に向かう）を身につけるべきです。ボールを点として見て追うのではなく、フライ自体を1つの線として捉える。これが上手くできるようになれば、ボールの揺れは気にならなくなります。

　MLBシアトル・マリナーズからニューヨーク・ヤンキースに移籍して活躍を続けるイチロー選手は守備練習で、よく背面キャッチを見せます。これは単なるファンサービスなどではありません。

　日頃から背面キャッチをしていると、イメージ処理が上手くできるようになるのです。ボールの落下地点の把握が苦手な人は、この背面キャッチを練習に取り入れると良いでしょう。

野球 あるあるメンタル練習法

野球メンタルあるある 31
ピンチになるとボークを犯してしまう。

「ボーク！」
　主審から、そうコールされて、マウンド上でハッと我に返る。
「また、やってしまった！」
　八回まで１−０でリードしていた。
　九回表に３連打を浴び、１−１の同点に…。
「もう、これ以上は打たれる訳にはいかない」
　そう思うと焦りが増す。
　その直後、セットの状態で静止せずに投球してしまった。
　ピンチになると、よくボークを犯してしまう。

こんな場合の解決方法は？

メンタル解決法

ポイントチェック 一度、間を取って頭の中で投球の手順を整理

　無意識のうちにボークを犯してしまう。これはパニック状態に陥ったまま投球しているので、自分でもどう動いているのか解っていないのです。
　パニック状態に陥ったら「何とかしなければ…」と慌てるのではなく、1回、間を取ります。マウンドを外して大きく深呼吸してもよいですし、必要ならばタイムをかけてスパイクの紐を結び直しても構いません。その間に、いま一度、自分の投球の手順を頭の中で整理するのです。時間が経つと段々と心が落ちついてきます。それから投球すれば問題は生じません。
　思わぬ形でピンチを迎えるとパニック状態に陥ることが、経験の浅い選手にはよくあります。そんな時は、投げ急いではいけません。たとえボークを取られなかったとしても、思い通りの投球をできるはずがないからです。
　自分で「何をやっているのか解らなくなっている」と気づいたら、必ず一度、間を取るようにしましょう。

解決法プラスアルファ

ピッチャーに不自然な行為が見え始めた時には…

　極度の緊張状態にある時、人間は意味不明な動きをし、次第に、その動きの数が増えていきます。
　たとえば、やたらと首筋を手で触ったり、身体を揺らしてモジモジしてみたり、自分では気づいていないのですが、周囲からは、それが不自然な動きであることがはっきりと解ります。もし、マウンド上のピッチャーが不自然で意味不明な動きを始めたならば、キャッチャーは、すかさずタイムをかけて間を取ってあげましょう。
　その時、「大丈夫か？」とは声をかけないで下さい。冷静さを欠いている相手にそうたずねても、大丈夫なはずはないのですから。
　「ちょっと頭の中を整理してみようか」
　そう話せば、ピッチャーは自分一人だけでピンチを背負っているのではないことにも気づけ、心を落ちつかせやすくなります。

野球 あるあるメンタル練習法

野球メンタルあるある 32
よくサインを見逃してしまう。

　ランナーが二塁へ走ってタッチアウト。
　ベンチに目をやると監督とコーチが鬼の形相で自分を睨みつけている。
　三振に倒れ、ベンチに戻るとコーチから怒鳴られてしまった。
　「お前、サインを見逃したのか？　無視したのか？　いい加減にしろ！」
　どうやら、自分がバントのサインを見逃してしまったらしい。サインは見ていたつもりだけれど、気がつかなかった。サインの見落としは…実は、これが初めてではない。

こんな場合の解決方法は？

メンタル解決法

メンタル・リハーサル後にサインを待つように！

　本を読んでいる時に知らず知らずのうちに何行か先を目で追っていることはありませんか？　あるいは入学試験の時に「速く読まなきゃ」と焦りながら文字を追うばかりに、内容が頭に入ってこないという経験をしたことはありませんか？

　サインを見落としてしまった選手も、それらと同じ状態にあります。大体、バッターにサインが出されるのはチャンスの場面。

「ここで何とかしなければ…」

　そう思うと気持ちだけが先走ってしまいます。すると実際にはサインを見ているのに「心ここにあらず」の状態になってしまっているため、（サインの）意図を認識していないのです。「見ている」のに「見落としている」…これは大きなボーンヘッドです。

　そんな失敗を避けるために、打席に入る前には必ずメンタル・リハーサルをしておきましょう。

　たとえば、1死、三塁でバッターボックスに入るとします。この場面で出されそうなサインを、思い浮かべてみましょう。まずスクイズが考えられます。右狙いや1球待ての指示が出ることもあるでしょうし、もしかするとヒット・エンド・ラン、三塁ランナーは走らずの送りバントも無いとは言えません。サインが出るとすれば、この中のいずれかである可能性が高い…そのことをしっかりと認識した上でランナーコーチ、またはベンチに目を向けるのです。そうすれば、「心ここにあらず」の状態に陥ることなく、しっかりとサインを認識できます。

野球あるあるメンタル練習法

野球メンタルあるある 33
浅めのフライを飛び込んで捕る勇気が出ない。

ライナー性の小フライがレフトの前に上がる。突っ込めば捕れそうだ。いや、ちょっと難しいかな…そんな微妙な打球である。
「捕れるかも。でも、後ろに逸らしたら大変なことになる…」
そう考えると外野手は強気になれない。
つい安全策を選んで、ワンバウンドでボールを処理、ヒットにしてしまう。
「お前、今の打球は、突っ込んでいたら捕れただろう」
ベンチに帰ると監督にそう言われてしまった。

こんな場合の解決方法は？ ➡

メンタル解決法

**1歩目を速く！
あとは自然に身体が反応**

　突っ込んで捕ってアウトにするか、あるいはワンバウンドで処理するべきか…これは状況にもよりますから、単に突っ込めばそれでよいということではありません。

　外野手には、自分が最後尾であるという意識があります。ランナーがいる場面で自分がボールを後方に逸らしてしまったら失点につながるわけですから慎重さが伴うのは当然のことです。

　とはいえ、「慎重さ」と「迷い」は違います。

　まず外野手に大切なのは、迷うことなく1歩目のスタートを素早く切ることでしょう。この1歩目のスタートを上手く、速く切れれば、「捕るぞ！」という意識が増し、あとは自然に身体が反応してくれます。逆に1歩目のスタートがゆっくりだと、「捕るぞ！」という意識が芽生えず、単に落下地点へ移動するというネガティブな感覚に陥ってしまいます。1歩目のスタートを、いかに上手に踏み出すかも、ボールを捕れるか否かを決定づけます。

解決法プラスアルファ

事前にカバーリングについて話し合っておこう

　先に、外野手には自分が最後尾であるという意識がある…と記しましたが、レフトとセンター、あるいはライトとセンターが連係することは可能です。あらゆる状況を想定して事前にカバーリングについて話し合っておくとよいでしょう。

　捕れるかどうか際どいフライ…その時にレフトが「捕るぞ！」と声を出せば、すかさずセンターがバックアップに回ってくれます。

　もし捕れなくて後逸したとしても、センターがカバーに入ってくれていると解れば、躊躇なくボールに飛び込むことができるでしょう。

　浅いフライを飛び込んで捕れないのは心の弱さだと考えるのは早計です。状況判断、そして何よりも1歩目のスタート、そして隣の野手との連係が成立していてこそ、勇気あるファインプレーは生まれるのですから…。

野球メンタルあるある 34
試合中に天候が変わると調子を崩す。

　四回まで相手チームに二塁ベースを踏ませぬ好投を続けていたピッチャーが七回に、いきなり崩れた。
　まだ五回、疲れからではない。
　理由は「空模様」にあった。
　晴れていたはずの空に雲が立ちこめ、雨が降り始めている。それほど大きくないが、遠くに雷鳴も聞こえる。このピッチャーは天候が変わるといつもマウンドで落ち着きがなくなる。ソワソワし始め、リズムを狂わせ、ボールが高めに浮いて、打ち込まれてしまうのだ。

こんな場合の解決方法は？

メンタル解決法

ポイントチェック：乱数表トレーニングで集中力アップをはかる

　ドーム球場なら天候の変化を心配する必要はありませんが、アマチュアの試合のほとんどは、屋外で行われますから、気象条件が変わることはよくあります。それに調子を左右されないような強いメンタルをあらかじめ育んでおくべきです。

　雨や風などの外的要因によって心が影響を受けてしまいやすい選手は、相手ベンチからの野次なども拾ってしまいやすい傾向にあります。外的要因に左右されることなく、やるべきことに集中できるようになりましょう。

　122ページを開いてみて下さい。

　ここで紹介しているのは、集中力を高めるトレーニング。乱数表の数字を0から順に丸で囲んでいきます。制限時間内に数字をいくつまで丸で囲めるかを、まず試して下さい。その後に、乱数表と向き合っている横から誰かに話しかけてもらいます。気が散ってなかなか進まないことでしょう。いかに外的要因に心を乱されているかを自分で確認できるはずです。

　このトレーニングを繰り返しやってみて下さい。周囲から話し声が聞こえても乱数表に集中できるようになれば、マウンド上でも雨や風が、それほど気にならなくなります。

解決法プラスアルファ

「気候の変化を上手に利用する」…ポジティブな意識を持とう

　雨が降ってきたり、風が強く吹くと気になって集中できない…でも、これは自分だけが悪条件に置かれていいる訳ではありません。対峙する相手バッターも条件は同じなのです。

　何もネガティブにばかり考えなくてもよいはずです。気候の変化を上手に利用するという意識を持ってみてはみてはどうでしょうか。

　風が強く吹いているならば「投げにくい」とは思わずに、こんな風に考えてみるのです。

　「これだけ風が吹いていれば、得意のスライダーが、さらによく曲がるかもしれない」

　「砂ぼこりも舞っているし、バッターはボールが見づらいはずだ。風が強く吹いてきたタイミングで投げ込もう」

　ピッチャーもバッターも同条件である気象の変化を、どう感じとるか？　ポジティブに感じとった方が、より力を発揮できることは言うまでもありません。

野球 あるあるメンタル練習法

野球メンタルあるある 35

スランプに陥り、練習量を増やすも逆に深みにはまってしまう。

「タイミングが合わない…」

「ダメだ……」

ブーン　ブーン

　春先は快調だったのに、夏の予選が近づく中、まったくヒットが打てなくなった。スランプに陥ってしまったのだ。
　予選は目の前。このままだとチームに迷惑をかけるどころか、スタメンから外されてしまうかも知れないと、焦りが生じる。
　「練習量を増やして、何とかするしかない」
　そう思い、毎日毎日、練習後も何百回とバットを振り続けた。でも、スランプから脱出するどころか、さらに状態は悪化。ボール球に手を出し続け、依然、ヒットが打てない。

こんな場合の解決方法は？

メンタル解決法

 何が狂っているのか？映像でフォームをチェック

　スランプの原因は、ほんのちょっとしたことである場合がほとんどです。
　たとえば、疲労度が増してきたために、ほんの少しヒジの位置が下がってきている。それにより、バットの振り出しがわずかに遅れ、普段通りのバッティングができない…。そうであれば、ヒジの位置を修正すれば、バッティングフォームを元に戻せます。修正点は、そこだけでよいのです。
　しかし、そのことに気づかないと迷いが続き「スタンスをもっと広くした方がよいのでは…」とか、「テイクバックの際にバットを引き過ぎているのではないか…」などと余計なことまで考えてしまいます。結局は焦りも手伝って、直さなくてもよい部分までいじってしまい、フォームがバラバラに。さらに、その悪いフォームで練習量を増やすので、スランプから抜け出せなくなってしまう訳です。
　調子が落ちていると感じたら、自分のフォームを映像でチェックしてみるとよいでしょう。当たりが出ている時のフォームを事前に撮影しておき、それと比べてみるのです。そうすれば、変わっている点にいち早く気づけますから、すぐに修正でき、長期のスランプにはまることはありません。

 解決法プラスアルファ

身体を休め元気を取り戻せば、良い時の感覚はよみがえる

　アマチュアに限らずプロの選手でも、よくスランプに陥ります。その原因の多くは、疲労であると考えてよいでしょう。
　疲れると、元気なときと同じようにはプレーできません。やっているつもりでも、動きのどこかにズレを生んでしまっています。
　そんな時は、思い切ってしばらく身体を休めるのも効果的です。
　「打てないのは練習が足りないからだ。もっと練習量を増やさなくてはいけない」
　真面目な選手ほど、そう考えるものですが、悪い状態で焦りながら練習をしても、良い結果には結びつきません。スランプ初期なら、調子の良い時の感覚が、まだ完全には消えていません。その状態で身体を休め疲労を抜けば、すぐに良い時の感覚がよみがえるのです。
　勇気をもって身体を休めることも大切です。

野球 あるあるメンタル練習法

野球メンタルあるある 36

点差が大きく開くと バッティングが雑になる。

　同点、あるいは1、2点差のクロスゲームのときは、バッターボックスで集中できる。しかし、大きくリードしたり、逆に大きくリードされている試合では、ついついバッティングが雑になってしまう。

　普段なら見逃しているはずの高めのボール球に手を出したり、ミートできるボールを見逃してしまうのだ。

　どんな状況でも1打席1打席が大切なはずなのに、点差が開くと集中力を保てない。

こんな場合の解決方法は？

メンタル解決法

ポイントチェック コーンを用いての
ノック打ちを取り入れる

「もう勝負は決まった。いくら何でも、この点差では追いつかれないだろう」

大量点のリードで迎えた試合終盤、バッターは、そう思い、必要とされる適度な緊張感を失います。気持ちが切れてしまってスイングが雑になったり、あるいは1発を狙って大振りをしてしまうことは、よくあります。

しかし、どんなシチュエーションにおいても普段通りに気持ちを込めて打席に立たないと、フォームを崩してスランプに陥ることにもなりかねません。気持ちが緩んでいると気づいたときは、漠然とバットを振るのではなく、「狙った位置にボールを打つ」ことを心掛けましょう。

たとえば、サードとショートの間、ファーストとセカンドの間、ピッチャー返し…狙い打ちを意識すればスイングが雑になることはありません。とはいえ、やろうと思ってすぐにできることでもありませんから、日頃から狙い打ちの練習をしておく必要もあります。

練習の際に、ノック打ちをするのです。

三遊間、二遊間、三塁線、一塁線、さまざまな場所にカラーコーンを置いて、それを狙ってノックの要領で強い打球を転がすのです。

繰り返して行なえば、必ず技術が向上します。

この練習をしておけば、ワンサイドゲームの際にバッティングが雑にならずにすむどころか、競ったゲームでも勝負強さを発揮できるのです。目的意識が雑なプレーを遠ざけてくれます。

解決法プラスアルファ

インコースを打つイメージを持って素振りを繰り返す

ネクストバッターズサークルに立った時、あるいは自分の打順が近づいた時にベンチ裏で目つけをしての素振りを丁寧に行なうことも効果的です。

目つけをする箇所は「インコース高め」あるいは「インコース低め」。そのボールを打ち返すことをイメージして素振りを繰り返し行ないます。インコースのボールを上手く打ち返すためにはスイングをコンパクトにする必要がありますから雑なスイングはできません。

バットをコンパクトに振り抜く…その意識づけをしてから打席に立てば、バッティングが雑になることは防げるでしょう。

野球 あるあるメンタル練習法

野球メンタルあるある 37
「左打ち」なのだが本当は、右の方が打てる気がする。

　野球を始めたばかりの頃に、親からも、コーチからも同じことを言われた。
　「野球は左だぞ。左の方が有利だから、左バッターになれ！」
　右利きで、最初は右で打っていたのに、それから左バッターに転向した。
　もう8年近く、右投げ左打ちでやってきて打率も決して悪くない。
　でも…本当は右の打席に立った方が飛距離を伸ばせて、もっと打てるような気がする。

こんな場合の解決方法は？

メンタル解決法

ポイントチェック 自分の適正を
しっかりと見極めよう

　20年前に比べれば左で打つ選手の数は急増しています。

　以前は「箸を持つのは右、鉛筆を持つのも右、だったら野球も右」…という感じで、ほとんどの選手が右投げ右打ちでした。チームの中で左バッターは珍しい存在だったのです。でも、現在は違います。スタメンの中に左バッターが4人、5人、6人いることも決して珍しくはありません。それは近年、右バッターよりも左バッターの方が有利だということに多くの人が気づいたからでしょう。

　言うまでもありませんが、左バッターが有利なのは次のような理由からです。

　野球は打ったら、一塁へと走ります。

　右バッターはバットを振り切った後、重心が三塁側へ移ります。そのため、重心を切り返してから一塁へ走らなければなりません。それに対して、左バッターはバットを振り切った時点で重心が一塁側へ移っています。ならば、勢いそのままに一塁へ走ればよい訳です。ですから当然、内野安打の確率は高まります。

　加えて、以前は左バッターが少なかったので打線にバリエーションをつけるためにも、その存在が重宝がられていました。

　とはいえ、野球においては左で打った方が有利だからという理由だけで、何が何でも左バッターにならなけれはいけない訳ではありません。大切なのは、どちらの打席に立った方がヒットを打てる確率が高いかということです。左の方が有利だからという理由で合わない左バッターボックスに立ち、力のない打球を転がし続けても意味がありません。

　左バッターとしてやってきて、それでも「右の方が打てる気がする」のであれば、右打ちにトライしてみてはどうでしょうか。その上で右の方が打てるのであれば、右バッターとしてやっていけばよいでしょう。自分の身体の動きの適正をしっかりと見極めて下さい。

野球あるあるメンタル練習法

野球メンタルあるある 38
1打席目で打てないと4打席打てなくなる。

「調子が良いときと、悪いときが極端過ぎる」

もう何年もの間、コーチからもチームメイトからも、そう言われ続けている。

4打数4安打、5打数5安打といった固め打ちをすることもよくあるのだけれど、1打席目にヒットが打てないと大抵、その日はノーヒットに終わる。理由はわからない。

「あ〜、今日もダメかな」

最近では最初の打席で凡退すると、どうしても、そんな気持ちになってしまう。

こんな場合の解決方法は？

メンタル解決法

ポイントチェック
1打席目に何をする？ まずは意識を変えよう

1打席目は、その試合のスタートですから大切にしなくてはいけません。

ヒットが打てれば、それに越したことはありませんが、この1打席目に相手ピッチャーのボールをできる限り見ることも大切です。

バッターボックスの前の方に立てば相手ピッチャーはストレートを投げてきます。逆に後方に立てば変化球を投げてくるでしょう。また、ベース寄りに立てばインコース、離れて立てばアウトコースを攻めてきます。敢えて立ち位置をわざとらしく変えて、それをキャッチャーに見せ、ピッチャーにさまざまなボールを投げさせてみるのもよいでしょう。

もし、この1打席目で凡退したとしても、さまざまなボールを見ることができ、その情報は次の打席につながります。その意識が持てたなら（1打席目でヒットが打てなかったから今日はダメだ！）というネガティブなイメージに支配されることはなくなるはずです。

解決法プラスアルファ

情報をベンチに持ち帰ることが自分の次の打席につながる

ゲームに勝とうと思えば、相手チームの情報収集は欠かせない要素です。

初めて対戦するピッチャーの情報は、ゲームの中で収集していくしかありません。たとえ1打席目を討ち取られたとしても、そこで得た情報を2打席目以降に生かすことができます。

また、自分が打席で得た情報をベンチに持ち帰り、チームメイトに知らせる必要もあります。相手ピッチャーのクセ（たとえばストレートと変化球を投げる時の動作の違い）を見抜けたならば、それは貴重な情報です。そこまではできないまでも、ストレートの走り、変化球の曲がり具合を過去に対戦したピッチャーと比較して、チームメイトに伝えることも大切でしょう。

この時、チームメイトに情報を伝える行為を通して、自らの頭の中も整理できます。そのことが2打席目以降の結果につながるのです。

野球あるあるメンタル練習法

野球メンタルあるある 39
配球が、ワンパターンになってしまう。

「ピッチャーを生かすも殺すもキャッチャーのリード次第」とよく言われる。

配球は腕の見せ所。

相手打者のクセを見抜き、上手くボールを散らす。配球を読まれず、打者の狙いを外し続け、ピッチャーを実力以上に輝かせるのが、一流のキャッチャーである。

キャッチャーは誰もが、配球が単調にならないように心掛けている。なのに、試合が進むにつれて配球が偏り、ワンパターンに陥ってしまうことが少なくない。

こんな場合の解決方法は？

メンタル解決法

ポイントチェック
16マスの表を用いて自分の配球グセを知る

人間には必ずクセがあります。意識して、そのクセを出さないようにすることは可能ですが、疲れきたり、精神的な余裕がなくなったりして、無意識に動くようになると、それは必ず顔を出します。そのために配球パターンが単調になってしまうのでしょう。

プロ野球中継を見ていると、よく画面に9マス、あるいは16マス図が登場し、そこにピッチャーの配球が記されますが、このマス目を用いて、自分の配球のクセを知っておきましょう。

まず、マス目が16に区切られた用紙を100枚用意しましょう。そこに、できるだけバラけさせることを意識して1から16までの数字を無造作に書き込んでみます。1枚目と2枚目、3枚目、4枚目…と同じパターンにならないようにして下さい。おそらく最初の20、30枚目くらいまでは上手く数字を散らすことができるでしょう。しかし、70枚、80枚、90枚…と続くうちに疲れが出てしまい無意識のうちに、似通った箇所に同じ数字を書き込むようになるはずです。似通った箇所に書き込まれた数字…これが、あなたの配球のクセです。

試合終盤に脳が疲れてきて、配球がパターン化してきた時に、このマス目を数字で埋めることで知った自分のクセを思い出して下さい。そうすれば、無意識の中でワンパターン配球を繰り返すことが防げます。

解決法プラスアルファ

バッターの気持ちになって配球を考えていく

単に配球を散らすだけではなく、バッターの気持ちになってリードすることも、キャッチャーにとっては大切です。

もし自分が、今、打席に立っているバッターだったら、このピッチャーのどのボールを狙うだろうか…と考えます。すると、そのバッターをより深く観察することになり、苦手なコースも見抜けます。そうなれば、ハイレベルな配球のランダム・リズムを構築していけるでしょう。

野球 あるあるメンタル練習法

野球メンタルあるある 40

練習時間が近づくと、お腹が痛くなる。

　授業が終わり部室へ行ってユニフォームに着替える。最後に帽子をかぶり、グラウンドへ向かおうとしたその時、突然、お腹が痛くなる…。
　下痢をしている訳でも、風邪をひいている訳でもない。体調は悪くない。朝から元気だったはずだ。なのに、野球部の練習時間が近づくと必ず毎日、腹痛に襲われてしまう。

こんな場合の解決方法は？

メンタル解決法

 温めた手の平を
痛い箇所に置いてみる

　これは指導者や部の先輩たちも少なからずかかわってくる問題なのかもしれません。
　野球が好きだから野球部に入部します。野球が上手くなりたいから、日々、練習をするわけですから、練習自体が嫌で、お腹が痛くなる訳ではないでしょう。
　ただ、指導者が厳しい人で、いつも怒鳴られている、怒鳴られる度に恐怖を感じてしまう。あるいは恐かったり意地悪かったりする先輩がいて、その人と会うことすら嫌だ…そんな風に日頃から感じていたならば、お腹が痛くなっても不思議ではないでしょう。精神的なストレスを抱えると胃が痛む、腹部が痛むということはよくあります。
　根本的な解決をするためには、あなた自身がもっとメンタル的に強くなる必要があるでしょう。でも、それには時間もかかりますし、もっと他の要因にも触れねばなりません。
　ここでは対処療法的な解決法を記しておきます。
　ユニフォームに着替えたらグラウンドに出る前に、こすって温めた手の平を痛む箇所に当ててみて下さい。そして目を閉じて、痛みが飛んでいくイメージを思い浮かべるのです。
　また、お腹に手を置きながら、大きくゆっくりと深呼吸をしてみて下さい。緊張がほぐされ身体がリラックスしてきます。それによって痛みが緩和されるでしょう。
　そうして練習を続ける中で、あなたを取り巻く状況に変化があるかもしれません。その中で精神的ストレスが取り除かれたならば、また楽しい気持ちで練習時間を迎えられるようになるはずです。

野球 あるあるメンタル練習法

野球メンタルあるある 41
試合前、チーム全体が硬い雰囲気になる。

　高校野球の秋季大会。
　ユニフォームに着替えてグラウンドに出ると、どこかいつもと雰囲気が違う。大切な試合の前なのだから当然といえば当然なのだけれど、皆、表情が硬く笑顔がない。冗談を言うメンバーもいない。そう思っている自分も、どこか動きがぎこちない。

　見ると先発するエースの足が震えている。そのうちに自分の腕も震え始めた。
　このチーム全体に漂う堅い雰囲気は何だろう？

こんな場合の解決方法は？

メンタル解決法

「遊び」の要素を取り入れた ウォーミングアップを！

「この試合は絶対に負けられない！」
　選手個々が、そう強く思えば、チーム全体の雰囲気が硬くなることはよくあります。
　試合に挑むにあたって適度な緊張感が必要なことは言うまでもありませんが、足がガクガクと震えている状態のまま試合に入っても良い結果はもたらされないでしょう。
　そんな時は、「遊び」の要素を含んだウォーミングアップを取り入れるのが効果的です。
　鬼ごっこでも何でも構いません。ゲーム性のある遊びで、身体をほぐしましょう。
　たとえば、足を開いて立った状態で2人1組になり向き合い、手のひらを合わせて押し合う「手のひらゲーム」なんかもよいかもしれません。
　ゲームに夢中になりながら、「何で大切な試合前に俺たち、こんなことをやっているんだろう」と思えれば、自然に表情に笑みが宿り、身体全体をリラックスさせることができます。

メンタルなるほどストーリー

缶ビールで硬い雰囲気を一蹴した1982年の中日ドラゴンズ

　少し古い話になりますが、1982年のセ・リーグペナントレース、優勝の行方は最終戦に持ち込まれました。
　横浜スタジアムでの横浜大洋ホエールズVS中日ドラゴンズ。この試合で中日は勝てば優勝、敗れれば、すでに全試合を終えている読売ジャイアンツが優勝という大一番でした。
　試合前、ドラゴンズの選手たちは、ガチガチに硬くなっていました。プロとはいえ、無理はありません。実に12年ぶりのリーグ優勝がかかっていたのです。
　「こんなに硬くなっていては勝てない」
　そう思ったドラゴンズの近藤貞雄（故人）監督は試合前のミーティングで選手全員に缶ビールを配りました。選手全員が、それを飲み干しグラウンドに出たのです。すると、それまで硬かった選手たちの動きがやわらぎ好プレーが続出。9－0で勝利したドラゴンズが優勝を決めました。学生には無理ですが、これも一つのリラックス方法です。

野球あるあるメンタル練習法

野球メンタルあるある 42
チーム内に競争意識が芽生えない。

　チームワークは大切である。
　選手同士、仲が悪くてギスギスしているよりも、仲が良い方がいい。
　だが、仲が良過ぎて「馴れ合い」が生じるとチームの雰囲気が緩んでしまう。
　「誰がレギュラーになってもいいよ」
「皆で野球を楽しもうぜ」
「負けてもいいじゃん、楽しむことが一番だろう」
　チーム内に競争意識が芽生えない。そして、チームはどんどん弱くなっていく。

こんな場合の解決方法は？

メンタル解決法

ポイントチェック 紅白試合を増やして
レギュラー争いを！

　まず最初に言っておきたいのは、過度な競争意識がなく、チームメイトと仲良く野球を楽しむのは決して悪いことではありません。過度な競争意識は時に、相手への嫉妬等でギスギスとした人間関係を生じさせます。
　どちらが良いか考えてみて下さい。
〈甲子園には行けたけれど、レギュラー争いで疲れ果てた。ライバルとは、ほとんど口もきかないギスギスとした関係に…。3年間の高校生活にあまり良い思い出はない〉
〈最後の夏の県予選は2回戦敗退。あまりチームは強くなかったけれど、毎日、練習も練習後も楽しかった。野球の楽しさを知り、生涯の仲間もできた。個人としてのレベルアップはできたし充実した3年間だった〉
　もちろん、どちらを選ぶかは個人の価値観によっても違ってきます。でも、何を求めて日々、野球の練習をするのかを考えてみて下さい。他人と競うためではなく、自分が上達していくことで生まれる充実感を味わうため、そして野球を楽しむためではないでしょうか。
　とはいえ、強いチームを目指すなら、馴れ合いばかりが目立つ「仲良しクラブ」であっていいはずもありません。過度の競争意識は不要でも、レギュラー争いの中で、ある程度の競争意識は芽生えて当然です。
　強いチームを作るために指導者がチーム内に競争意識を芽生えさせたいと考えるならば、まずは「紅白戦」を多く取り入れてみてはどうでしょうか。「紅白戦」は必然的にレギュラーの争いの場となります。となれば、仲良しクラブの一員だった選手たちの間にも、少しずつ競争意識が生まれます。
　野球は楽しむスポーツ。と同時に競争意識を持つことで強い心を育むことも大切、どちらかに偏り過ぎぬようにすることが、指導者の役目の一つとも言えるでしょう。

野球 あるあるメンタル練習法

野球メンタルあるある
43 練習中にケガをすることが多い。

運動にケガはつきもの。よく、そう言われる。

とはいえ、それにしても自分はケガをすることが多過ぎる。

守備練習で飛び込んでボールを捕ろうとした時に足首を傷めてしまったり、打撃練習で打ったボールが足のスネを直撃したり。先日は、走塁練習でハムストリングスをやってしまった。

チームメイトは、そんなにケガをしない。どうして自分ばかりがケガをするのかと悩んでしまう。

こんな場合の解決方法は？

メンタル解決法

ポイントチェック 準備運動の段階で身体と対話をしよう

　偶発的におこるケガとメンタルな問題は無関係だと思われるかもしれませんが、そんなことはありません。

　集中力が散漫になったり、自己の体調を正しく認識できていない時に、よくケガが生じます。

「自分はケガをすることが多い」

　そう感じる人には思い当たる節があるのではないでしょうか。

　野球は比較的、１シーズンが長いスポーツです。プロ野球は４月に開幕し秋まで続きます。日本なら全144試合、その後にクライマックスシリーズ、日本シリーズと続きます。メジャーリーグは全162試合。間を置くことなく、プレーオフ、ワールドシリーズに繋がるのです。

　この間、チームの主力選手は、休養ゲームがあるにせよ、ほぼフル出場します。そのことからも、プロ選手がケガの対策に、いかに慎重に取り組んでいるかがうかがえます。

　練習の始まりには、必ずストレッチ的要素が入った準備運動を行ないます。この準備運動を適当にやり過ごしてはいけません。

　ここで自分の身体としっかりと対話をする必要があります。

　ちょっと身体が疲れていると感じたならば、ストレッチをしながら、どの部位に張りがあるのかをしっかりとチェックします。たとえば、ヒザの裏側の張りがいつもと異なっていると気づけば、そこを重点的にほぐしておくことができます。そんな少しの気づきがケガから身を守ることを忘れないで下さい。

　ケガは決して偶発的なものではありません。動きのズレに気づければケガを防ぐことは可能なのです。準備運動の時から感覚を研ぎ澄ませてください。

野球あるあるメンタル練習法

野球メンタルあるある 44
「ライバルに勝つ」ことばかり考えてしまう。

どうしてもレギュラーになりたい。
でもポジション争いをしているライバルは強力だ。今のところ、サードのレギュラーに自分がなってもライバルがなっても不思議ではない状況。
「アイツだけには負ける訳にはいかない」

一緒にノックを受ける時、自分が上手くプレーすることよりも、ライバルがミスをすることを願ってしまう。練習中はもちろん、グラウンドを離れてからも「アイツには負けたくない」との思いが頭から離れない。

こんな場合の解決方法は？

メンタル解決法

ポイントチェック 何のために野球をやっているのかを再考

ライバルがいる。

そのこと自体は選手にとって、とても喜ばしいことです。

自分と同じように野球が好きな仲間とともに汗を流せます。そして、実力の拮抗している相手を超えることで、自分をもう1ランク成長させるという目標が持てるのですから。

ただ、自分が何のために野球をやっているのかを見失うような状態に陥ってはいけません。レギュラー争いをしているライバルを蹴落とすために野球をしているわけではないでしょう。ライバルの存在は、あくまでも自分のやる気を向上させてくれる指標。本来の目的は、少しでも技術を向上させ、自分を磨き成長していくことです。

「やるなコイツ！」

「よし、俺ももっと頑張るぞ」

「よし俺も！」

ライバルは蹴落とすべき存在ではありません。指標にして、自分のやる気をさらに引き出し互いに成長していくかけがえのない仲間なのです。

メンタルなるほどストーリー

ライバルに対して持つべきは「競争心」と「感謝の心」

野球に限らず、どの世界においても「ライバル」は存在します。ライバルは、その分野においての競争相手ではありますが、人生の敵ではありません。

スポーツにおいて、それが一番解りやすいのはボクシングでしょう。相手と顔面を殴り合います。最終ラウンドまで打ち合うこともあれば、いずれかがキャンバスに大の字で倒れるときもあります。でも、それは互いに力を出し合った結果に過ぎません。勝つこともあれば負けることもあります。

ただ、闘い終えた後に互いに相手に対して感謝の気持ちがあって抱き合えたならば、それが最高のライバル関係ではないでしょうか。

ライバルに対して持つべきは、「競争心」と「感謝の心」です。

野球あるあるメンタル練習法

野球メンタルあるある 45
試合になるとグラウンドを広く感じてしまう。

「あれ、おかしいなぁ、こんなに広かったっけ？」

試合でバッターボックスに立つと、いつもそんな風に思ってしまう。

外野のフェンスがはるか遠くに見える。いや、それどころか外野手の位置へボールを飛ばすのも大変そうだ。とても打てる気がしなくなる。

練習の時は、もっとフィールドが狭く見えていたのに…。

こんな場合の解決方法は？

メンタル解決法

試合本番を迎える前にグラウンドを観察しよう

　いざ試合になるとフィールドが広く見えてしまうのは、「緊張しているから…」という理由だけではないかもしれません。

　実際にフィールドが広いのです。

　たとえば、高校野球の場合、伝統的な強豪校や特別な環境を備えた学校以外は普段、観客席やバックスクリーンなどないグラウンドで練習をしています。しかし、県大会、全国大会の地区予選になれば、設備の整った球場でプレーすることになります。そうなれば、実際に外野の奥行きも広く、バッターボックスから見える景色もいつもとは異なります。

　大切なのは、普段とは異なるフィールドにできるだけ早く慣れることでしょう。

　試合当日、球場に入ったら、まず観客席に足を運びましょう。バックネット裏のスタンド最上部まで昇り、球場全体を見渡します。

「広いなぁ…」と感じるでしょうが、野球競技のレギュレーションが変わったわけではありません。マウンドからホームベース、ホームベースから一塁ベース、一塁ベースから二塁ベース、ダイヤモンドを形づくる角度は、いつもの練習グラウンドと変わらないのです。視野を広くして見て、そのことを再確認しましょう。

　次にフィールドに下ります。

　バッターボックス、そして自らのポジションに立ってみます。すると景色的に普段とは異なること、またレギュレーション的に同じであることが確認できます。この時点で、かなり球場に慣れたと感じられるはずです。

　いきなりフィールドに出ると戸惑うこともあるでしょうが、事前に球場全体をしっかりと見て慣れておけば、環境が変わったことで、緊張することもなくなります。打席に立っても、目にする光景に戸惑い、フィールドを広過ぎると感じてしまうことはないはずです。

第3章

視覚イメー
集中力＆イ

ジを使った
メージトレーニング

メンタルを強くするために
求められるのは「集中力」と「イメージ力」。
どうすれば集中力が身につくのか？
何をすれば良いイメージが抱けるのか？
その実践法を、ここに紹介します。

野球あるあるメンタル練習法

第3章 視覚イメージを使った集中力&イメージトレーニング

トレーニング効果「集中力」と

集中力の養い方

「どうすれば集中力を身につけることができますか？」

よくそう聞かれます。

集中力は、自分の頭の中で「集中しよう、集中しよう」と念じるだけで養えるものではありません。「集中できない」というのであれば、それには原因があります。まず、その原因を探る必要があるでしょう（122、123ページ参照）。そこで「なぜ集中できないのか？」が理解できれば、それに沿ったトレーニングで集中力を高めていけばよいのです。「集中力」というと、集中している一点だけが見えて、周囲が視界に入ってこない状態を思い浮かべる人が多いかもしれませんが、そうではありません。物事に集中し始めると、何か一点を見つめていても、その周囲も自然に見えるようになってきます。

たとえば、ピッチャーの場合、キャッチャーミットを見つめながらでも、周囲のランナーの動きまで解るようになります。またバッターならば、ピッチャーの動きを見ながら、同時に守備陣の動きが認知できるのです。これは何も特別な能力ではありません。124、125ページで紹介している「周縁視力トレーニング」等を積むことで誰でも身につけていけます。高いレベルでの集中力を得れば、動きの質もアップされていくことでしょう。

残像効果を活用する

野球の技術書には、よく連続写真が載っています。そして、細かな技術の説明が加えられています。

スタンスの幅、テイクバックの際の腕の引き具合、ヒジの締め具合、振り出されるバットの角度など実に詳しく書かれているのを野球好きの方なら一度は目にされたことがあるでしょう。

その一つ一つは大切な技術的ポイントなのですが、実際の試合で、その一つ一つを意識しながらバットを振っている選手はいないはずです。なぜならば動きとは、点と点のつながりではなく、流れの中で行なうものだからです。

〈点ではなく面でとらえる〉
〈部分的ではなく全体像をとらえる〉
〈局所にこだわらず大局をながめる〉

を高めるのに欠かせない
「イメージ力」を養う

　これはイメージを抱く時に、とても大切なことです。

　細部にこだわってはいけません。点と点をつなぎ合わせるのではなく、全体像を取り込むようにしてこそ鮮明なイメージは抱けます。そのために「残像効果」を活用しましょう。

　ピッチャーなら、思い通りの投球ができた時の残像をイメージとして残します。またバッターなら、思い通りの打撃ができた時の残像をイメージにつなげます。良いイメージを強く抱ければ、それに引っ張られるように質の高いパフォーマンスが可能になるのです。

野球 あるあるメンタル練習法

集中力&イメージトレーニング①

集中力を妨げる原因を
知る ➡ 克服する
乱数表テスト&トレーニング

やり方

①右のページのような「00〜99」までの乱数表を何パターンも用意します。その上で、コンディションのよい時に静かな場所で3分間という制限時間のもとで「00、01、02、03…」と順番に数字を○で囲んでいき、いくつまでできたかをチェックします。この時の数字があなたの基準値です。

②次に以下の3種類の状況下で3分間同じテストを行ないます。
　〈A〉肉体が疲労している時（たとえば練習を終えた直後）。
　〈B〉自分の近くで2、3人に会話をしてもらいながら。
　〈C〉自分に対して誰かに話しかけてもらいながら。

③〈A〉〈B〉〈C〉の状況下で、最後に○をつけられた数字と基準値を比較してみましょう。基準値よりも少ない数しか○をつけられなかったなら、それが、あなたの集中力を妨げている原因です。〈A〉で数字が極端に少なければ、試合終盤に集中力が続かなくなっていると考えられます。また〈B〉は、打席に立った時にスタンドの野次が気になる状態、〈C〉はキャッチャーからのささやきに対して心が乱されていないか…と符号します。

④乱数表トレーニングを用いて集中力を高めていきます。
　〈B〉〈C〉の状況下で繰り返し3分間の○付けをやってみましょう。周囲の雑音などの集中力を妨げる原因に慣れることができれば、試合においても集中度を増すことができます。

16	45	40	52	66	08	75	96	27	79
65	28	21	48	33	15	56	44	71	07
14	04	51	85	77	59	90	32	38	49
80	76	25	72	26	36	43	17	91	62
34	09	95	01	46	64	97	67	22	06
29	55	00	98	18	81	94	61	74	39
41	84	60	24	50	86	30	53	05	82
10	89	70	03	99	19	37	47	13	63
73	92	11	42	35	83	68	31	93	88
20	58	69	02	78	54	12	87	57	23

POINT 素早く数字を○で囲んでいくためのコツ

　基準値で、ある程度の数字まで○で囲めないと、3種類の状況下での数値との差が出にくく、自分の弱点を上手く探れません。ここでは基準値を上げるコツを説明します。タテ、ヨコ、ナナメという感じで数字を点として探しても、速く○で囲めるようにはなりません。乱数表全体を面としてとらえた上で求める数字を意識して取り組んでみましょう。

野球 あるあるメンタル練習法

集中力&イメージトレーニング②

「一点集中」と「分散集中」を同時に高める周縁視力トレーニング

※「一点集中」とは、ボールなど何か一点に視点を集中させること。「分散集中」とは、周囲の状況など幅広く情報をキャッチし集中します。この「一点集中」と「分散集中」を同時に行なう能力を養うのが周縁視力トレーニングです。

やり方

①右のページの図の下の部分を手で持ち、目から30センチほど離します。この時、図が顔と同じ高さになるようにします。

②この表の中心にある「F」の文字に視点を集中させます。
集中できてくると、その周辺にある「B、T、X、R、V、Y、M、Z」の文字が同時に少し浮き上がったように見えてきます。

③浮き上がった状態になったら、視点を「P」の文字一点からずらさずに、同時に周囲の文字を読み取っていきます。
「B、T、X、R、V、Y、M、Z」を読み取れたら、次は、
「P、I、E、K、M、K、Q、L」その次は、
「W、A、O、J、L、H、G、D」最後に
「J、H、S、N、A、C、Z、U」の順に、読み取る範囲を内側から外側へ広げていきます。

| スポーツメンタルの基本 | 野球あるあるメンタル練習法45 | **3 集中力&イメージトレーニング** | ルーティン実践法 |

POINT 「F」から視点を離さず全体画像として取り込む

　最初のうちは、周囲の文字を読み取ろうとすると視点が「F」から離れてしまうはずです。文字を点で追うと、そうなりがちなので、まず全体を画像として取り込み、文字を拾っていく感覚でやってみましょう。慣れないうちは、読み取った文字を声に出すと上手く集中できるようになります。

野球 あるあるメンタル練習法

集中力&イメージトレーニング③
正確な動作を求めての深視力イメージトレーニング

やり方

①イスに座り、テーブルの上に右ページの図をコピーした紙を置きます。この時、コピーした紙を身体の正面に置き、真上から見下ろします。

②円の中心にある「10」の部分を5秒間見つめます。直後に目を閉じ、中心部分の位置をしっかりとイメージして下さい。イメージできたら、利き手の人差し指で、その部分を押さえてみます。次は逆の手の人差し指でトライ。「10」の部分を上手く押さえることができたら「10点」、少し外れたら「9点」、さらに外れたら「8点」…という具合に点数を決め、10回行ないます。毎日行ない「100点」を目指して獲得点数を少しずつ上げていきましょう。

③100点が獲得できるようになったら、今度はコピーした紙を真下だけではなく、前後左右、さまざまな位置において、同じ要領で中心部分を押さえてみます。コピーした紙をおく位置によっては、かなりのズレが生じる場合もあります。それがあなたの感覚のズレですから、トレーニングを繰り返す中で修正していきましょう。これが上手くできるようになると不十分な体勢からでも正確な動作が可能になります。

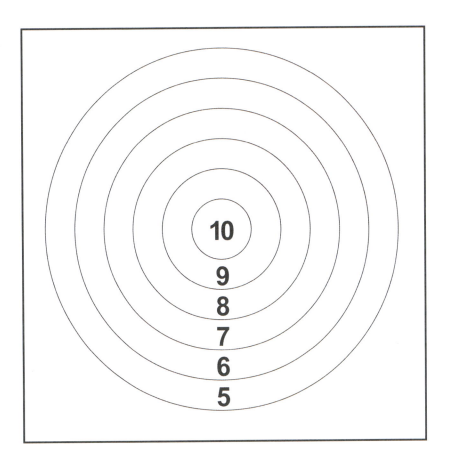

> **POINT**　中心部分に色を塗ってやってみると…。

最初は「10」のパートに集中するのが、5秒間では短くて難しいかもしれません。そんな人は10秒間かけて行ない、そこから徐々に時間を短縮していきましょう。さらに中心部分に色（たとえば赤色）を塗って行なうと、目を閉じた後に残像が残り、イメージしやすくなります。

野球 あるあるメンタル練習法

集中力&イメージトレーニング④【投手編】

「残像イメージ」と「身体の動き」をシンクロさせて理想のボールを投げ込む!

　良いイメージを抱き、それを身体の動きにシンクロさせることができてこそ、理想とするプレーが可能になります。まずは投手編。「残像イメージ」を上手く用いて、打者に対し自信を持ってボールを投げ込めるようにしていきましょう。右の図を用いたトレーニングは、126、127ページで紹介した「深視力イメージトレーニング」の応用編。また、130～135ページで紹介するのは球種別の「残像イメージトレーニング」です。日頃から、良い時のイメージを自分の中に強く焼きつけておくことで、集中力を高いレベルで持続できるようになります。

P.130～135のトレーニングのやり方

①各ページのイラストをコピーし、指定通りに色を塗る。

②イラストの下の言葉をイメージする（この部分は自分に合った言葉に書き換えてもよい）。

③コピーし、色を塗った紙を壁などに目の高さで貼り、30ｾﾝﾁほど離れた位置から黒い点に集中しながら20秒ほど凝視する。

④ゆっくりと静かに目を閉じる。

⑤閉じたまぶたの裏に、実際の色とは異なる残像が浮かぶ。それを消さないように、できるだけ長い時間イメージを保つ。

⑥イラストの下の言葉（あるいは自分で書いた言葉）を何度も自分の中で繰り返す。

P.129のトレーニングのやり方

①イスに座り、テーブルの上に上図をコピーした紙を置き、真上から見下ろす。

②真ん中のボールを5秒間だけ見つめる。

③目を閉じ、そのボールの位置をしっかりとイメージする。

④イメージできたら、利き手の人差し指で、その部分を押さえる。

⑤逆の手の人差し指でも同じことをやってみる。

⑥真ん中だけでなく、他のボールでも同じことをやってみる。

⑦紙の位置をズラして同じことをやってみる。

野球あるあるメンタル練習法

集中力&イメージトレーニング④【投手編 その1】

ストレート・空振り

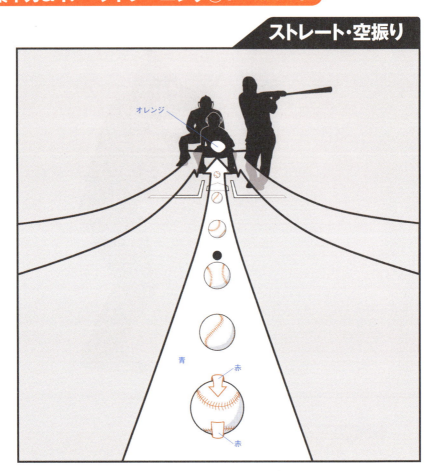

イメージ・ワード

※イメージ・ワードは、短い言葉がよいと思いますが、「キューンと伸びる」「手元でブワーッと!」などでも構いません。自分でイメージをつくりやすい言葉を探しましょう。

集中力&イメージトレーニング④【投手編 その2】

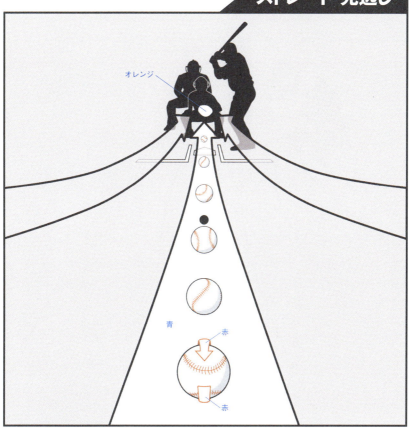

ストレート・見逃し

イメージ・ワード

ズドーン！

※イメージ・ワードは、短い言葉がよいと思いますが、「キューンと伸びる」「手元でブワーッと！」などでも構いません。自分でイメージをつくりやすい言葉を探しましょう。

集中力&イメージトレーニング④【投手編 その3】

スライダー

イメージ・ワード

キュッ！

※イメージ・ワードは、短い言葉がよいと思いますが、「切れていく！」「すべらせる！」「(腕を)鋭く！(振る)」などでも構いません。自分でイメージをつくりやすい言葉を探しましょう。

集中力&イメージトレーニング④【投手編 その4】

カーブ

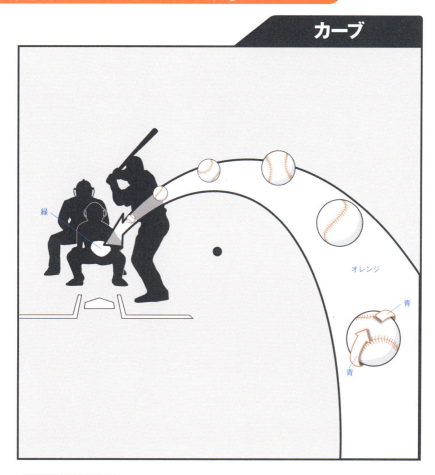

イメージ・ワード

ドローン…

※イメージ・ワードは、短い言葉がよいと思いますが、「ブレーキ！」「(バッターの体勢を)崩す！」「カクッと落ちる」などでも構いません。自分でイメージをつくりやすい言葉を探しましょう。

野球 あるあるメンタル練習法

集中力&イメージトレーニング④【投手編 その5】

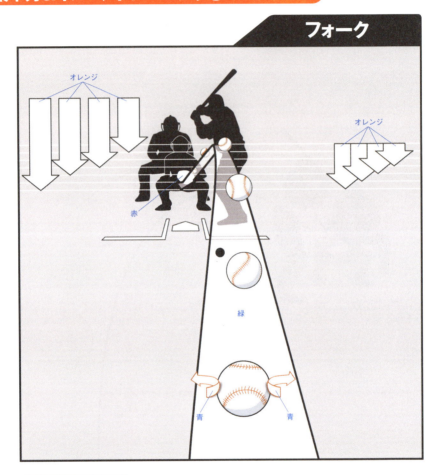

イメージ・ワード

ストン！

※イメージ・ワードは、短い言葉がよいと思いますが、「（バッターの前で）スパッと落ちる！」「（人差し指と中指で）スッと抜く！」「落下」などでも構いません。自分でイメージをつくりやすい言葉を探しましょう。

集中力&イメージトレーニング④【投手編 その6】

シュート

赤

青

オレンジ

オレンジ

イメージ・ワード

ググッ!

※イメージ・ワードは、短い言葉がよいと思いますが、「(胸元に)食い込め!」「(腕を思い切り)振り抜く!」「グイーン!」などでも構いません。自分でイメージをつくりやすい言葉を探しましょう。

野球あるあるメンタル練習法

集中力&イメージトレーニング⑤【打者編】

良かった時の「残像イメージ」を深く焼きつけることでしっかりとボールを打つ！

　ここからは打者編です。投手編と同じように、良いイメージを抱き、それを身体の動きにシンクロさせます。右の図を用いてのトレーニングは126、127ページで紹介した「深視力イメージトレーニング」の応用編。ピッチャーの手を離れる瞬間をしっかりと見極め、それに合わせて正確な動作を行なえるようにします。

　また、138～143ページで紹介するのは球種別の「残像イメージトレーニング」です。日頃から、良い時のイメージを自分の中に強く焼きつけておきましょう。

P.138～143のトレーニングのやり方

①各ページのイラストをコピーし、指定通りに色を塗る。

②イラストの下の言葉をイメージする（この部分は自分に合った言葉に書き換えてもよい）。

③コピーし、色を塗った紙を壁などに目の高さで貼り、30センチほど離れた位置から黒い点に集中しながら20秒ほど凝視する。

④ゆっくりと静かに目を閉じる。

⑤閉じたまぶたの裏に、実際の色とは異なる残像が浮かぶ。それを消さないように、できるだけ長い時間イメージを保つ。

⑥イラストの下の言葉（あるいは自分で書いた言葉）を何度も自分の中で繰り返す。

> **P.137のトレーニングのやり方**

①イスに座り、テーブルの上に上図をコピーした紙を置き、真上から見下ろす。

②ピッチャーが手放す寸前のボールを5秒間だけ見つめる。

③目を閉じ、そのボールの位置をしっかりとイメージする。

④イメージできたら、利き手の人差し指で、その部分を押さえる。

⑤逆の手の人差し指でも同じことをやってみる。

⑥紙の位置をズラして同じことをやってみる。

野球 あるあるメンタル練習法

集中力&イメージトレーニング⑤【打者編 その1】

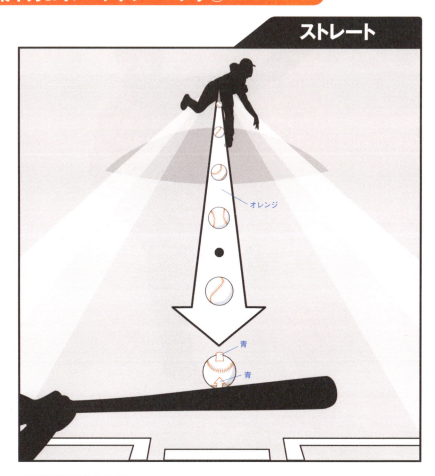

イメージ・ワード

ジャストミート!

※イメージ・ワードは、短い言葉がよいと思いますが、「1、2、3!」「(真芯で!)」「センターへ返す」などでも構いません。自分でイメージをつくりやすい言葉を探しましょう。

集中力&イメージトレーニング⑤【打者編 その2】

カーブ

赤

緑
緑

イメージ・ワード

引きつける！

※イメージ・ワードは、短い言葉がよいと思いますが、「しっかりグッとためて打つ！」「曲がり際をヒット」などでも構いません。自分でイメージをつくりやすい言葉を探しましょう。

野球 あるあるメンタル練習法

集中力&イメージトレーニング⑤【打者編 その3】

スライダー

青
オレンジ
オレンジ

イメージ・ワード

一、二塁間！

※イメージ・ワードは、短い言葉がよいと思いますが、「ポイントを前に！」「外側をコンパクトにたたく！」などでも構いません。自分でイメージをつくりやすい言葉を探しましょう。

集中力&イメージトレーニング⑤【打者編 その4】

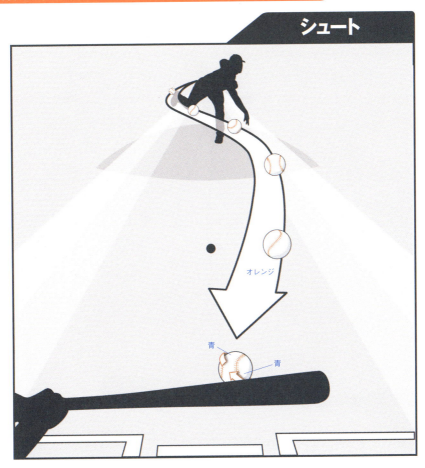

シュート

オレンジ

青　青

イメージ・ワード

前でたたくッ！

※イメージ・ワードは、短い言葉がよいと思いますが、「曲がり際をミート！」「腕をたたんで打つ」などでも構いません。自分でイメージをつくりやすい言葉を探しましょう。

野球 あるあるメンタル練習法

集中力&イメージトレーニング⑤ [打者編 その5]

フォーク・ヒット

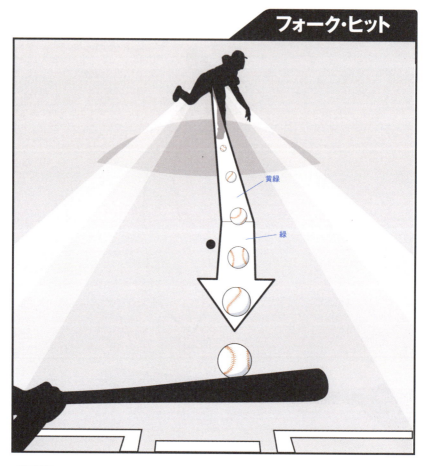

黄緑
緑

イメージ・ワード

タメて、打つ！

※イメージ・ワードは、短い言葉がよいと思いますが、「落ち際をジャストミート！」「ミートポイントをよく見て打つ」などでも構いません。自分でイメージをつくりやすい言葉を探しましょう。

集中力&イメージトレーニング⑤【打者編 その6】

フォーク・見送り

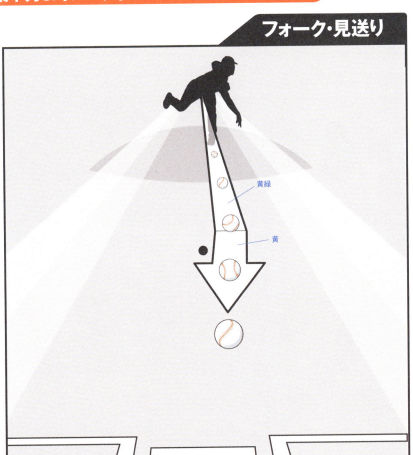

黄緑
黄

イメージ・ワード

低く落ちる！

※イメージ・ワードは、短い言葉がよいと思いますが、「タメをつくって、しっかりと見る」「低過ぎには手を出さない」などでも構いません。自分でイメージをつくりやすい言葉を探しましょう。

野球あるあるメンタル練習法

第4章 心のスイッチルーティン

チを入れる実践法

試合で実力をフルに発揮するには、どうすれば良いのか？根性論より求められるのは平常心。スポーツ界で注目を浴び続けるルーティンの確立法を、ここに紹介します。

野球 あるあるメンタル練習法

第4章 心のスイッチを入れるルーティン実践法

試合で実力を発
「ルーティン」を

「ゲンかつぎ」ではない

近年、「ルーティン」という言葉が、日本の野球ファンの間にも、広く知られるようになりました。

メジャーリーグで活躍しているイチロー選手はベンチを出てから股割りのストレッチを行ない、バッターボックスに入った際には左手で右袖を引っ張りながらバットの先端をセンター方向に向ける仕草をします。この一連の動きは毎打席、常に同じです。彼の一定の規定動作により「ルーティン」が広く知られるようになったのでしょう。つまり、ルーティンとは何かをする前に行なう「儀礼」のようなものです。

でも、これは、イチロー選手が始めたものではありません。バッターボックスで常に同じ動作をする選手は、それ以前からいました。わかりやすいところで言えば、阪神タイガースで活躍した掛布雅之選手（現野球解説者）。構える前にクイックイッと腰をひねる独特な仕草を多くのファンが真似したものです。「ルーティン」という言葉が普及したのは近年ですが、その概念自体は、かなり以前から存在していました。

さて、このルーティンは何のために行なわれるのでしょうか？

ルーティンは「ゲン担ぎ」でもなければ「ジンクス」とも異なります。これは「条件反射」を求めての行動なのです。

「パブロフの犬」をご存知の方も多いかと思います。ベルを鳴らしてからエサを与え

揮するために！
身につけておこう

ることを繰り返すと、犬はベルの音を聞いただけで、唾液を出す…1900年代初頭にソビエト連邦（当時）の生理学者イワン・パブロフさんが導いた実験結果です。
「ルーティン」とは、これと同様に何かをすることで、よい時のイメージが湧きあがる行動を考えればよいでしょう。

独自のルーティンを築く

〈バットの先で一度ホームベースを叩くことで心を落ちつける〉
〈バットを２度回転させることで不安感を取り除き、自分のリズムをつくる〉
〈マウンド上で帽子のツバを、ギュッと押さえることで、キャッチャーミットに集中できる〉
　選手によって、そのやり方はさまざまですが、そうすることでパブロフの犬が常に唾液を出すように、選手は常に頭の中にプラスのイメージを描けるのです。
　また、ルーティンは試合時に限って用いるものでもありません。練習時、あるいは前日から試合当日にかけての一連の行動もルーティン化することができます。前述しましたが、ルーティンは、単なる「ゲンかつぎ」ではないのですから、できれば、その行動に意味が伴った方がよいでしょう。
　148ページから紹介するのは、ルーティンの一例です。ルーティンはマニュアルに沿って行なえばよいというものでもありません。自分にとって良いイメージが抱ける動きを探りながら独自のルーティンを築く必要があります。

野球 あるあるメンタル練習法

ルーティン① 試合前日&当日のシミュレーション

　試合前のルーティン実践例を〈試合前夜〉〈試合当日〉〈試合会場に着いたら…〉〈試合が始まる…〉〈試合が終わった後は…〉の５項目に分けて紹介します。

　ルーティンは自分の力を十分に発揮できるようにするための「条件づけ」ですから、その方法は実にさまざまです。ただ、その一つ一つが単なる動作ではなく、「やっておくと効果的」な動きであった方が良いでしょう。

　ここでは、なぜ、この動作を行なった方が良いのかの解説も加えています。ただ、これはあくまで一例です。自分にあったルーティンを見つける参考にしてみて下さい。

試合前夜 活躍した時の映像を見て、良いイメージを膨らませる！

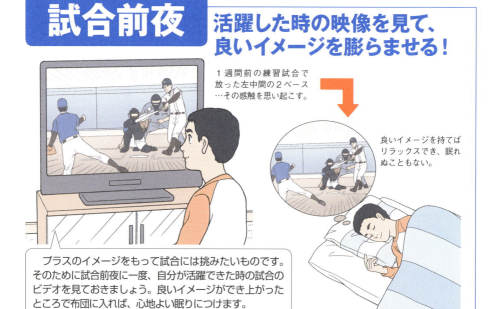

１週間前の練習試合で放った左中間の２ベース…その感触を思い起こす。

良いイメージを持てばリラックスでき、眠れぬこともない。

プラスのイメージをもって試合には挑みたいものです。そのために試合前夜に一度、自分が活躍できた時の試合のビデオを見ておきましょう。良いイメージができ上がったところで布団に入れば、心地よい眠りにつけます。

試合当日

試合当日の朝食、試合直前の昼食も摂り方を決めておくとよいでしょう。また電車やバスで試合場へ移動する際には、乗車時間を利用して集中力を高めます。

試合直前の食事は軽めに

午後に試合がある場合、昼食は軽めにしたい。サンドイッチをつまむ程度でよいだろう。食べ過ぎると消化作用が活発化し、副交感神経が優位になり、身体にだるさを感じてしまうことになりかねない。

電車の中から遠くを見つめ集中力を高める

少し遠くにあるもの一点（建物、看板など）を集中して見る。その後、周囲を含め全体に集中して見る。「一点集中」「全体集中」を繰り返す。

試合会場に着いたら…

試合会場に到着したら、まずはグラウンドの状態を確認すると同時に、その場の雰囲気に慣れておきましょう。球場全体を広い視野を持って見渡しておくと、落ち着いて試合に入っていくことができます。

ジャンプして土の状態を確認

グラウンドに足を踏み入れたら、すぐにジャンプをして土の硬さを確かめる。比較のために日頃から練習時の土の硬さを把握しておくことも大切。

球場全体を把握する

スタンドのある球場の場合、最初に客席最上部へ行き、フィールド全体を見渡す。

いち早く守備チェック

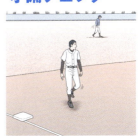

自分の守備位置へ行き、フィールド状態、見える景色も確認しておく。

野球 あるあるメンタル練習法

試合が始まる…

試合の直前、また試合が始まってからも十分に力を発揮できるようにルーティンをつくっておくと役立ちます。自分に合った動きでリズムを掴んでいきましょう。

思いっきり力んで投げる

緊張していると感じたら、ブルペンでの最後の1球は思いっきり身体に力を込めて投げる。すると無駄な力が抜けていく。

足場をしっかりと固め、ロージンにさわる

まずはマウンドの足場をしっかりと固め、汗で手が滑らぬようロージンバックをさわる。この行動で間を取り、心地よいリズムをつかもう。

重いバットを振る

バッターボックスに入る前に、少し重めのバットで素振りをする。すると打席でバットを軽く感じて振ることができる。

軽いバットを振る

バッターボックスに入る前に軽めのバットで素振りをし、スイングスピードを体感しておく。打席にそのスピード感を持ち込もう。

数を数えてから投げる

1、2、3、4
5、6、7、8
よし！

モーションに入る前に頭の中でゆっくりと1から8まで数えよう。自分の投球の間を築いていける。

次に対戦する打者の様子をチェック

「次のバッター あんまりリズムに 乗れてないなぁ…」

味方が攻撃している際には、次の回で最初に対戦する打者の守備に目を向け、リズムに乗れた動きができているか否かをチェック。要警戒の場合は気の引き締めを…。

バウンドキャッチ

定位置に座ったらすぐに、ボールを地面にぶつけ跳ね際をミットでキャッチ。土の硬さ、乾き具合を確認しておく。

ミットを叩いて「さあ来い!」

「さぁ、来い!」

バシンと心地よい音を立ててキャッチャーミットを叩く。「さあ来い!」と声を出すことでピッチャーの気持ちを鼓舞し、自らの集中力も育む。

小刻みに足を動かす

守備位置では足を止めないようにする。小刻みに足を動かすことで集中力を持続させる。

ベンチ裏でストレッチ

5回が終わったらアンダーシャツを着替えた後、ベンチ裏でストレッチを行なう。この時、身体の張り具合もチェック。

野球 あるあるメンタル練習法

試合が終わった後は…

> 活躍できた時は、その試合でのイメージをしっかりと残します。逆にさっぱりダメだった時は振り返ることなどせず、次の試合に目を向けるべきでしょう。

活躍できた時は、そのイメージを脳に焼きつける

4打数4安打…すべての打席で納得がいく振りができた。そのイメージを頭の中で反復し、次の試合に生かすためにも、しっかりと残しておく。

「今日は下半身がよく使えていたんだ」

特にピッチャーは身体の張り具合のチェックもしておきたい。下半身の張りがあれば、その部分が使えていた証拠。良かった時の身体の張りをメモリーしておく。

ダメダメだった時は、わざわざ振り返らない

「次だ、次！」「もう忘れよう！」

悪かった時のイメージを記憶しても意味がない。メッタ打ちを喰らったり、ノーヒットに終わった時は、次の試合に目をむけよう。

「肩まわりに疲労がたまり過ぎてるなぁ」

メッタ打ちを喰らっても身体の張りのチェックはしておきたい。動きの中で、どの部分の筋肉が使えていなかったかを知ることは収穫。

自律神経トレーニング

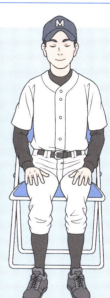

人間の自律神経には「交感神経」と「副交感神経」があります。緊張時には「交感神経」が優位に働き、リラックス時には「副交感神経」が優位になります。

身体をリラックスさせた状態にしたければ、副交感神経を優位にすればよいのですが、それは自分の意志ではできません。でも、多少の調整は可能です。ここにそのテクニック(精神科医のJ・Hショルツ氏が考案)を紹介しましょう。

①両足を肩幅に、ヒザは握りこぶし1つ分空ける程度に開き、楽な姿勢でイスに座ります。両手の指を開き、密着させるように太腿に手を乗せ、静かに目を閉じます。

②鼻から息を吸って、少し開いた口からゆっくりと吐き出します。さらに深くゆっくりと呼吸し、意識を呼吸に向けていきましょう。

③下の表に従い、重量感や温度が感じられるようにイメージします。①〜⑭まで、すべてを行なったら深呼吸を2、3回行ない、大きく伸びをしてから静かに目を開きます。

この手順を覚えられない場合は、手順を読み上げてボイスレコーダーやカセットテープに録音し、それを用いて下さい。また、重量感や温感を感じにくい時は、最初に手をこすり合わせたり、ダンベルを持つなどして手がかりを作っておくとよいでしょう。

①私の右手、右腕は重たくて温かい(30秒間)
②私の左手、左腕は重たくて温かい(30秒間)
③私の右足は重たくて温かい(30秒間)
④私の左足は重たくて温かい(30秒間)
⑤私の腰や骨盤の周りは重たくて温かい(30秒間)
⑥私の下半身はリラックスして力が抜け、血流もよくなり温かい(30秒間)
⑦私の背中は人をおぶっているように重たくて温かい(30秒間)
⑧私の方は人を肩車しているように重たくて温かい(30秒間)
⑨私の首は重いマフラーを巻いたように重たくて温かい(30秒間)
⑩私のアゴは重たくて温かい(30秒間)
⑪私の額に涼しい風を感じる(30秒間) / 頭の中はとても冷静だ(30秒間)
⑫私のまぶたは重たくて、まぶたの裏が温かい(30秒間)
⑬私の上半身はリラックスして力が抜け、血流もよくなり温かい(30秒間)
⑭私の上半身の重量感や温感が下半身に伝わり、身体全体が重たくて温かい(30秒間)

野球 あるあるメンタル練習法

ルーティン②

自分に合った やり方を見つけよう

　ルーティンは、実力を発揮するために用いる一定の行動パターンですが、当然、それは選手によって異なります。他の選手が行なっているやり方をまねても構いませんが、そこから徐々に自分にあったやり方に替えていく必要もあるでしょう。

　ここでは試合時に限らず、練習時おいても有効な「条件づけ」をいくつか紹介しておきます。148ページから紹介した〈試合前日＆当日のシミュレーション〉同様に「やっておくと効果的な動作」を選んでいます。自分に合ったやり方を見つけるのに役立てて下さい。

打撃　トスバッティングで重めのボールを打つ

練習の際に、試合時よりも少し重めのボールを用いてトスバッティングをやってみる。それを繰り返した後、試合で打席に立つと、ボールを軽く弾き返せる感覚が持てる。

打撃

目の周囲をほぐす

バッターボックスに入る前に目をつぶる。そして目の周囲をほぐすと、視界がスッキリとした感覚が持てる。

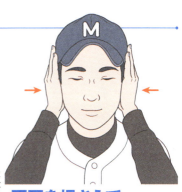

バッターボックスに入る前に両手で両耳を10秒間押さえる。意識を集中させた状態で打席に立てる。

両耳を押さえて短期に意識を集中

投手

鼻の片側を押さえて呼吸

第1球を投じる前に鼻の片側を押さえて10回呼吸、逆のパターンも10回やってみる。心が落ち着く。

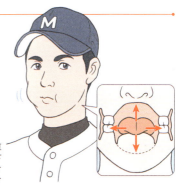

マウンドに上がった直後に口の中で舌を上下に動かしてみる。緊張すると口の中が乾きやすくなるが、それを潤すことでリラックスできる。

口の中で舌を動かす

野手

ゲーム前、自分の守備位置を歩く

事前に自分の守備位置へ行って、その周囲を歩いてみる。これは特に外野手にオススメ。歩きながら位置を替え、そこからのホーム返球をイメージしてみる。

野球 あるあるメンタル練習法

打撃

アゴのつけ根を押さえる

バッターボックスに入る前に、耳の後ろ、アゴのつけ根辺りを押さえる。肩の緊張をほぐすことができる。

スクワットをイメージ

腰を落とすスクワットをイメージ。ヒザはつま先よりも前に出さない。この姿勢を思い浮かべることが身体が開かないバッティングフォーム作りに役立つ。

目を上下左右に動かす

バッターボックスに入る前に目を上下、そして左右に動かしてみる。視野が広がり、さまざまなコースのボールに対応できるようになる。

キャッチボールで打撃確認

ゲーム前の練習でキャッチボールをする際にバッティングをイメージしてみる。ボールを捕る瞬間にインパクトをイメージする。タイミングの合わせ方は、バッティングもキャッチングも同じだ。

肩甲骨周囲を ゆるめ、首を回す

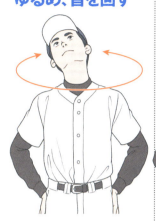

緊張すると肩甲骨周りが硬くなる。この部分をゆるめるように首をゆっくり上下左右に回し、緊張をほぐしてからバッターボックスに入る。

指のストレッチ

引っ張るようにして、あるいは深く曲げ、1本ずつ指のストレッチを行なう。関節の可動域を広める効果があり、これはピッチャーにもオススメ。

腹筋に手を当て深呼吸

お腹に手を当て、わずかに押す。それを押し返すように腹式呼吸をする。息を吸った後に長く吐くのだ。呼吸により気持ちを落ち着けると同時に、動かすべき体幹部を、より意識できる。

総合

頭のてっぺんを指で押す

バッターボックスに入る前にヘルメットを取り、頭のてっぺんを指で押す。集中力が宿る。

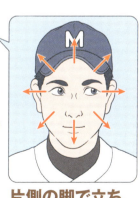

片側の脚で立ち、視線をさまざまな方向に

片脚立ちをする。リラックスしていないとバランスよく立てない。立てたなら視野を上下左右に向けてみよう。慣れてきたら顔も上下左右に動かす。バランスを確認。

監修者紹介

高畑好秀（たかはた よしひで）
Yoshihide Takahata

1968年、広島県生まれ。早稲田大学人間科学部スポーツ科学科スポーツ心理学専攻卒。日本心理学会認定心理士。同大学運動心理学研究生修了の後、プロ野球、Jリーグ、Vリーグ、プロボクシング、プロゴルファーなど数多くのプロアスリートや、オリンピック選手などのメンタルトレーニング指導を行う。日本コンディショニング&アスレチック協会公認スポーツ心理学講師。NPO法人コーチズのスポーツ医科学チームリーダー、スポーツ総合サイトチームMAPSのスポーツ医科学チームリーダーも務める。あらゆるスポーツ競技の「メンタルトレーナー」としての活動のほか、企業でのビジネスシーンにおけるメンタル指導、講演、そしてテレビ出演など幅広いジャンルで活躍中。「スポーツメンタル43の強化法」(池田書店) をはじめ著書も多数。

ホームページURL　http://www.takahata-mental.com

頑張るジュニア世代を応援！
マイナビ出版の少年野球実用書籍　好評発売中!

投げる、捕る、打つ、走る。
野球少年から、お父さんコーチ
そして少年野球チームの指導者まで
誰もが使える練習メニューのネタ帳

プロが教える
少年野球の練習＆矯正法

監修／横浜ベイスターズ・スポーツコミュニティ
価格／本体1,500円＋税
Ａ５判　本文160ページ
ISBN978-4-8399-4054-6

少年野球のルールとスコアのつけ方を。
解説したポケットサイズのルールブック。
図解や写真による、詳しい事例紹介で、
もうジャッジに迷わない！

間違いやすいジャッジがひと目でわかる!
少年野球のルールとスコアのつけ方

監修／UDC（アンパイア ディブロップメント コーポレーション）
価格／本体980円＋税
新書判　本文176ページ
ISBN978-4-8399-3506-1

お近くの書店にてお買い求め下さい。店頭にない場合は書店にてご注文頂くか弊社注文専用ダイヤルまで直接、お電話下さい。

注文専用ダイヤル　☎ **0480-38-6872**

マイナビBOOKS　**http://book.mynavi.jp/**

野球あるあるメンタル練習法 新版
2015年12月25日 初版第1刷発行

監　　修	高畑好秀
発 行 者	滝口直樹
発 行 所	株式会社マイナビ出版
	〒101-0003　東京都千代田区一ツ橋2-6-3一ツ橋ビル2F
	電話　0480-38-6872【注文専用ダイヤル】
	03-3556-2731【販売】
	03-3556-2735【編集】
	URL　http://book.mynavi.jp
編集・構成	近藤隆夫
本 文 写 真	真崎貴夫
カバー・本文イラスト	サダタロー
本文イラスト	勝山英幸
カバー・本文デザイン	雨奥崇訓
印 刷・製 本	中央精版印刷株式会社

※定価はカバーに記載してあります。
※乱丁・落丁本についてのお問い合わせは、TEL：0480-38-6872【注文専用ダイヤル】、または電子メール：sas@mynavi.jpまでお願いします。
※本書について質問等がございましたら(株)マイナビ出版編集第2部まで返信切手・返信用封筒を同封のうえ、封書にてお送りください。お電話での質問は受け付けておりません。
※本書は著作権法上の保護を受けています。本書の一部あるいは全部について、発行者の許諾を得ずに無断で複写、複製(コピー)することは著作権法上の例外を除いて禁じられています。

©2015 Yoshihide Takahata　©2015 Takao Kondo　©2015 Mynavi publishing Corporation.
Printed in Japan
ISBN978-4-8399-5789-6　C0075